DIOS *puede ser tu coach en tu trabajo*

DIOS

puede ser tu coach en tu trabajo

Invita a Dios a tu área de trabajo
y así obtendrás éxito, regocijo y satisfacción

Escrito por Wade Galt

Traducido por Erick A. Concepción

Editado por Rossana Galt

Possibility Infinity Publishing

Publicado y Distribuido por:

Possibility Infinity Publishing

ISBN 978-1-934108-50-5

A Dios…

Mi coach e inspiración Divina.

A mi padre…

Mi primer coach humano laboral.

Pide y Recibirás.

Nota del autor

Con el fin de que este libro estuviese completo, he incluido cierto material de mi primer trabajo, *DIOS puede ser tu coach*. Esto permitirá a aquellos que no han leído dicho libro, experimentar los beneficios del mismo sin haber leído el anterior.

Para aquellos que ya han leído el primer libro, podrán una vez más disfrutar de algunos pasajes u omitirlos si prefieren. Creo que, si leen los capítulos en orden, recibirán más beneficios.

Si están leyendo por primera o quincuagésima vez, ¡bienvenidos! Espero que encuentren este libro esclarecedor, agradable, práctico, enriquecedor y aplicable a su diario vivir.

Más que nada, espero y puedan encontrar lo que han venido a buscar hasta aquí. Mi intención es que éste trabajo les ayude a crear una relación más eficaz, amorosa y determinada con Dios, tanto fuera como dentro del trabajo.

Crea una gran vida.

Paz,

Wade

Aviso

Este libro trata acerca de cómo establecer una relación con Dios y recibir la sabiduría divina. El autor cree que el conocimiento y la sabiduría en este libro son útiles para cualquier persona que busque mejorar su relación con Dios. Como en cualquier disciplina, los resultados se ven aumentados mediante el tiempo con consistencia y enfocados en la práctica.

Las ideas y técnicas presentadas en este libro no tienen la intención, de ninguna manera, de sustituir los consejos de un médico u otro profesional de la salud con licencia. Si se encuentra realizando fisioterapia, asesoría o en cualquier otra relación terapéutica, es recomendable no dar el tratamiento por terminado sin antes consultar a su terapeuta.

Cualquier respuesta(s) o guía recibida por el uso de estos métodos no debe ser realizado si el mismo infringe alguna ley local, estatal, federal o internacional. Ni el autor ni los publicistas tendrán obligación o responsabilidad sobre cualquier persona o entidad por algún daño o pérdida causada, o alegadas haber sido causadas por el mismo, directa o indirectamente por la información o ideas proporcionadas, sugeridas o referenciadas en este libro.

Es la intención del autor que este trabajo lleve al lector a una relación más eficaz, personal y práctica con Dios. El autor cree que Dios es la fuente de las respuestas que él recibe, y sugiere a los lectores que lleguen a sus propias conclusiones utilizando las técnicas.

Estas ideas me funcionan…

No le llamaría creencias por que no estoy sujeto a ellas. No estoy listo para matar o morir para probar que estoy en lo correcto o que alguien más está equivocado. Esto no es dogma, por lo tanto, no hay necesidad para que haya debate. No estoy sugiriendo que estoy en lo correcto y otros equivocados. Tal vez estoy equivocado. No estoy diciendo que poseo la única verdad, la verdad definitiva o incluso la verdad.

Este libro es una colección de ideales a los que soy fiel, que me inspiran y que me funcionan (basado en lo que puedo ver en mi vida). Me gustaría escuchar que estas y otras ideas le funcionen. Veo esto como una relación de aprendizaje en dos vías de la cual ambos podemos aprender. No soy el profesor. Usted no es el estudiante. Solo somos dos personas explorando las ideas sobre Dios, esperanzados a hacer mejor nuestras vidas y al mundo.

Por favor acepten mi humildad y amplitud

Es mi única intención que este trabajo les acerque a la paz, al amor, el gozo, la felicidad y a una gran relación entre usted y Dios. Por favor, disculpen mis limitaciones como escritor al intentar hacer este trabajo. No es mi intención hacer sentir a alguien que no está en lo correcto, incomodo, que necesite cambiar, o que no se sienta totalmente amado, aceptado y apoyado.

Por favor acepten mi amplitud en querer dirigirme a un gran e importante tema (y cualquier aparente presunción de que estoy en lo correcto). Por favor, también acepten mi humildad al hacer mi mayor esfuerzo y hacerme vulnerable al compartir algo que creo que hará del mundo un mejor lugar. Honro a todas esas personas, organizaciones, religiones, creencias, rituales y todo lo demás que busque el mismo fin.

Al mismo tiempo, sigo emocionado, con el corazón y la mente abiertos de ver cómo podemos crecer, madurar y cambiar; cómo nos relacionamos con Dios y entre nosotros tratando de provocar la paz, el amor y la felicidad.

Tabla de contenido

DIOS puede ser tu coach en tu trabajo

Hace un año coescribí un libro llamado <u>Dios puede ser tú coach.</u> El libro trataba de cómo podemos establecer una relación poderosa, práctica y personal con Dios. Escribir este libro fue un viaje extraordinario para mí, y realmente experimenté los beneficios del libro que coescribí.

Ahora me encuentro de vuelta escribiendo en la computadora por la misma razón que lo estuve hace un año. Me siento algo perdido. No me siento tan perdido como estaba hace un año, pero aún siento que me hace falta algo grande. En ese momento estaba confuso respecto a muchas cosas, desesperadamente necesitaba un gran sentido de dirección y seguridad. Después de que todas mis otras opciones fallaran, me convertí a Dios y encontré más de lo que había soñado. Descubrí y viví una vida de entrega voluntaria. En realidad, me permití ser guiado por ser el más Poderoso del universo y de la mejor manera que conocía. Como me predispuse a la orientación de Dios, me sentía sin estrés. Me sentía muy centrado, determinado y realizado. Estaba consciente de que no necesitaba algo más que el apoyo de Dios, y sabía que ya contaba con ello. La vida era sencilla, pacífica y valerosa. Otras personas lo notaron y comentaron que tan relajado yo estaba. Mis amigos me dijeron que por primera vez en sus vidas me veían disfrutando y saboreando la vida, ellos estaban en lo correcto.

Pero, ¿Qué cambió? ¿Por qué estoy escribiendo nuevamente? Ya había previsto escribir este libro, pero había planeado escribirlo en un momento diferente. Estoy notando que, en los últimos meses, me he alejado de mi relación con Dios.

Parece que cuando necesité desesperadamente de Él, yo estaba predispuesto a casi cualquier y toda orientación. Sentí que no tenía nada que perder.

Sin embargo, mis negocios han despegado recientemente. Todo va de acuerdo "al plan". De hecho, van mucho mejor. Estoy generando más dinero y más rápido de lo que pensé que sería, y aún hay más por venir. Entonces, ¿qué está mal? Estoy experimentando mucho más éxito ahora del que puedo obtener. Estoy entendiendo rápidamente lo que puede suceder en un negocio cuando el crecimiento se produce más rápido de lo planeado. Siento una gran necesidad de simplificar mi vida, cómo lo hice el año pasado, y enfocar mis más importantes prioridades.

Puedo y buscaré los últimos y mejores libros de negocios y liderazgo para ponerme al día, pero ahora recuerdo algo que había olvidado hasta hace un año. *Dios es la fuente más grande de sabiduría. Si puedo recibir y seguir la sabiduría divina, tendré todo el apoyo y la dirección que necesito.*

La mejor forma de describir esto, es utilizar una analogía de un cliente de coaching con el que estoy trabajando y que se me ha compartido recientemente. Estábamos analizando cómo él estaba experimentando un desbalance en su vida por que la gran mayoría de sus energías se estaban dirigiendo a su empleo. Él estaba muy concentrado en su empleo al punto que se sentía que estaba enfrentando la vida solo. Después que analizamos la situación más profundamente, él me hizo una afirmación simple y extremadamente poderosa. Él dijo: "He estado viviendo mi vida como si fuera un huérfano, como si no hay un Dios que me apoye.

Necesito recordar que soy un hijo (de Dios)."

¿Vive usted su vida como si fueras un huérfano?

¿Se Ha olvidado usted de su relación con Dios?

¿Está dispuesto a recibir todo el apoyo que está a su disposición?

Este libro se trata de vivir su vida profesional con el apoyo total del Ser más Poderoso y Sabio del universo. Esta es una oportunidad de hacer que Dios sea su coach en el trabajo. *

Si prefiere un nombre diferente para la fuente de todas las creaciones, entonces por favor sustitúyala por la palabra "Dios." Una rosa con otro nombre, sigue siendo una rosa. No creo que la esencia y la naturaleza de lo divino sean cambiadas por el nombre que elijamos.

¿Por qué estar en contacto con Dios?

Hay una parte de nosotros que es muy sabia, apta, centrada, convencida, segura y capaz de hacer casi todo, pero también hay una parte que es desacertada, incompetente, diseminada, temerosa, insegura e incapaz de hacer casi nada. Muchos de nosotros experimentamos estas dos formas de ser en diferentes momentos al transcurrir de los años, meses, semanas y días. Pocos entendemos estos cambios en nuestro estado de ánimo, incluso muchos menos tenemos la capacidad de escoger consciente e intencionalmente cual estado deseamos experimentar en un momento determinado.

Con todos los brillantes y reveladores libros disponibles de superación e imagen personal y de pensamientos positivos, parecía que teníamos la información suficiente para sobrepasar este reto. El problema está en que *la mayoría de los libros de superación personal fallan al recomendar una simple cosa –*

Hay mucho que podemos hacer como humanos para ayudarnos a nosotros mismos.

Sin embargo, para Dios no hay límite cuando hablamos de lo puede hacer para ayudarnos.

¡Con Dios todo es posible!

Ejercicios prácticos

Este libro contiene un ejercicio práctico, breve y valeroso al final de cada capítulo. Estos ejercicios tienen la intención de ayudarlos a experimentar directamente las palabras en este libro. Estos son simplemente una forma de experimentar el material y al igual que el libro son opcionales pero recomendables al mismo tiempo.

Los invito a realizar estos ejercicios, así como fueron escritos la primera vez que lean el libro, luego modifíquenlo para que se adapten a sus necesidades. Cuando lo realicen a su modo, serán más valerosos para ustedes.

Al final del libro, encontrarán la información para contactar al autor y si desean, puedan compartir lo que han logrado en su proceso y lo que han experimentado.

Que lo disfruten…si así lo eligen.

Experiencia de 60 segundos #1

- ➢ **Establezca una intención de relacionarse con Dios e invítenlo a que lo guíe en este proceso. ***
- ➢ **Predispóngase a la posibilidad de relacionarse con Dios.**
- ➢ Cierre sus ojos e inhale y exhale en silencio, enfocándose en su respiración.
- ➢ Cuente hasta 3 cuando inhale, vuelva a contar hasta 3 cuando exhale.
- ➢ Haga esto por 60 segundos (10 veces cada uno)
- ➢ **Note cómo se siente.**
- ➢ Abra sus ojos.

Una intención es simplemente una aspiración de desear haber hecho algo. Establecer una intención de establecer una relación con Dios solo significa manifestar un deseo de tenerlo conectado con usted para este ejercicio. Esta declaración puede ser hecha silenciosamente, dentro de sí mismo.

¿Por qué Dios me guiaría?

Si nos concentramos en esta pregunta, podemos encontrar muchas razones por las que creemos que Dios no nos ayudaría. Hemos creado muchas razones por las que pensamos que no vamos a ser ayudados – *Dios no se preocupa por nosotros, las otras personas son escogidas para ser guiadas, pero nosotros no, somos muy tontos, perezosos, malos, egoístas* y mucho más. Podemos hacer una lista literalmente de millones de razones que conllevan a un tema similar- *"No somos tan buenos para ser guiados por Dios."*

La mayoría de nosotros hemos escuchado la idea de que encontramos lo que buscamos en la vida. Si buscamos las cosas negativas y no las positivas, las encontraremos. También podemos encontrar las cosas positivas y grandiosas si las buscamos. La pregunta que nos debemos hacer a nosotros mismos es la siguiente…

¿Ha pensado que no somos lo suficientemente buenos para acercarnos o alejarnos más desde una relación personal, práctica y poderosa con Dios?

Mi respuesta es que esto me ha llevado a estar más lejos de Dios. En el momento que me dije a mi mismo que no era digno, me detuve y deje de comunicarme con Él. Esto no es diferente a otras relaciones en las que he estado. Siempre pensaba que era un tonto o menos importante que los demás, me sentía incómodo hablándoles y dejaba de relacionarme con ellos. Lo mismo sucedía cuando pensaba que alguien era más apuesto, popular, divertido o de cualquier forma superior a mí. Yo, como la mayoría de las personas, me sentía incómodo relacionándome con alguien cuando me sentía inferior en su presencia.

Al sentirnos inferior a alguien se nos puede extinguir la habilidad de relacionarnos con los demás. Note que esto no tiene algo que ver con lo que es realmente cierto. De hecho, la otra persona puede ser menos inteligente que yo. La verdad no es lo que me desconecta, sin embargo, mi sentimiento de inferioridad es lo que me lleva a esto.

No es necesario para mí sentirme superior a una persona para poder relacionarme con ellos. Si me concentro en algo más, por ejemplo, como cuando disfruto el comunicarme con esta persona, puedo reanudar la posibilidad de relacionarme con la misma. Al intentar hacerme sentir superior a alguien más, puedo llevarlos a sentirse inferior a mí y entonces empujarlos a su alejamiento.

No importa quién es "mejor." Si Realmente es necesario para nosotros juzgar "mejor" y "peor"; la "mejor" persona sería lo suficientemente poderosa y abierta para relacionarse con cualquier otra persona sin sentir que su posición o poder es amenazado. La persona más inteligente en el mundo no perdería su inteligencia al hablarle a la menos inteligente. En efecto, ésta, incluso podría experimentar satisfacción al ayudar a la menos educada y hacerla más sabia. Muchas personas saben que el ayudar a otros a crecer, es una de las mayores satisfacciones en la vida.

Si sentirse inferior a Dios le ha mantenido desconectado, puede ser el momento de hacerse una pregunta diferente, "¿Por qué Dios no me guiaría?" Si Dios me creó y sustenta mi vida, y humildemente busco recibir su guía porque reconozco que necesito de su ayuda, ¿por qué no me ayudaría?

No intento decir con esto que soy superior a Dios, o que Él tenga ese deber conmigo. No sugiero que tengo derecho a recibir su guía o que las cosas sucederán como yo deseo. Simplemente le estoy pidiendo a Dios que comparta conmigo la gran sabiduría que está disponible en lo divino.

Quizás, Dios solo hace lo que la mayoría de nosotros hacemos cuando una persona más joven y menos informada nos pide orientación. Tal vez, Dios solamente da cuando le pedimos. Quizás la falta de comunicación sucede debido a nosotros y la manera en que pensamos. Tal vez, Dios simplemente está esperando que nos conectemos y está deseando ayudarnos.

De seguro, existe un reto significativo que es creado una vez reconocemos que podemos relacionarnos con Dios. "¿Qué vamos a hacer al respecto?"

Una vez que admitimos que podemos recibir la sabiduría divina, no podemos ser víctimas por mucho tiempo. Si tenemos al ser más sabio del universo dispuesto y disponible para guiarnos, no podemos seguir pretendiendo que no recibimos ayuda. Al contrario, nos queda el desafío y la maravillosa invitación de avanzar de una manera poderosa, amorosa y divina.

Experiencia de 60 segundos #2

➤ **Establezca un plan para vincularse con Dios e invítenlo a que los guíe en este proceso.**

➤ Cierre sus ojos e inhale y exhale en silencio, enfocándose en su respiración.

➤ Cuente hasta 3 cuando inhale, vuelva a contar hasta 3 cuando exhale.

➤ Haga esto por 30 segundos (5 veces cada uno)

➤ Entonces, declare (dentro de usted) que desea predisponerse a recibir la guía divina.

➤ Pídale a Dios que lo ayude a sentirse lo suficientemente digno para recibir la guía divina.

➤ Inhale y exhale por 30 segundos más.

➤ Note cómo se siente.

➤ Abra sus ojos.

¿Se preocupa Dios por el trabajo?

En algún momento de la historia humana decidimos que Dios no se interesa por el trabajo. Nos decimos a nosotros mismo que Él solo está interesado en los asuntos espirituales y no en las cosas materialistas como el trabajo. Quizás no esté claro porque llegamos a esta conclusión, es claro que existen consecuencias naturales que han acontecido en nuestro mundo como resultado de esta creencia.

Quizás la consecuencia diaria más poderosa de esta creencia es nuestra pauta de tener dos códigos éticos diferentes – uno para el mundo laboral y otro fuera de este. Se ha dicho, "En la guerra y el amor todo se vale," pero hemos agregado también "y en el trabajo".

Algunos vivimos nuestros grandes valores espirituales en nuestro lugar de trabajo. Esta es una fuente de frustración, culpabilidad, vergüenza y disconformidad muy común para miles de millones de nosotros. Nos sentimos incomodos cuando nos comportamos de formas que van en contra de nuestros más grandes valores, pero intentamos justificar, sin éxitos, nuestras acciones argumentando cosas como; "Tengo que comer. Es un mundo lleno de obstáculos, y debo cuidar a mi familia. Se sabe que la gente de negocios amolda la verdad con el fin de obtener el mejor negocio; Todos saben eso."

Y es cierto, todos lo saben. Prácticamente todos los que han estado en el mundo laboral por más de una semana, saben que existen situaciones donde las personas abandonan sus códigos éticos para generar dinero. La interrogante es, "¿En realidad nos funciona hacer esto?, a la larga, ¿Realmente ayuda un código ético independiente para el trabajo?, *si se ha estado rigiendo por dos códigos diferentes, ¿le ha funcionado o le ha hecho daño?,* considere esto antes de que continúe leyendo.

Si usted es como la mayoría de las personas, esto le funcionaría como una solución rápida, pero no lo hará a largo plazo. Especialmente en el mundo laboral, la mayoría de las personas están de acuerdo en que cada uno cosecha lo que siembra. Si una persona siembra semillas de deshonestidad, promesas incumplidas, acuerdos turbios, es probable que las cosas se les regresen y los lleven a estar peor que antes. La naturaleza suele compensar automáticamente el desequilibrio, incluso en el mundo laboral.

Así que ¿Por qué debería una persona arriesgarse a vivir sus valores espirituales en el trabajo? ¿A caso no los pone en una posición de minusvalía en comparación a los demás? ¿No los lleva a tener menos opciones para resolver los problemas? Parece que la respuesta sencilla es que *vivir bajo un código ético es lo más sencillo y eficiente que se puede realizar.*

Cuando tenemos todas nuestras energías en dirección a un objetivo, somos más efectivos. *Cuando gastamos energías en cosas como mentir, recordar a quien se le mintió, cubrir mentiras, pensar porque mentimos, intentar mantener nuestras mentiras en secreto, objetivos ocultos, sentir vergüenza, sentir culpabilidad, preocuparse por quién lo puede descubrir y así sucesivamente, tendremos muy pocas energías restantes para trabajar.*

Esto tampoco funciona, no se obtiene beneficio alguno al ser deshonesto. Es como una obligación en nuestro Balance Financiero ya que en cualquier momento la verdad puede llevar a una pérdida significativa. Es también como un gasto en nuestros estados de ingresos ya que mensualmente tenemos que invertir energía al encubrir, ocultar, cargas emocionales y otras actividades que nos roban nuestras vidas, tiempo y dinero.

Lo crean o no pensamos que, Dios nos castigará por ser deshonestos; realmente esto no es tan cierto. Cuando somos deshonestos, nos castigamos a nosotros mismos.

Dios quiere que nosotros experimentamos la vida, amor, gozo, plenitud, abundancia y muchas otras cosas maravillosas. Él se preocupa por el mundo laboral ya que Él también lo hace por nosotros. Si queremos ayuda para tener éxito en el mundo laboral, no necesitamos crear un código ético independiente. Simplemente, necesitamos pedir ayuda. *No existe pregunta que hagamos, no existe problema que enfrentemos que Dios no esté dispuesto o sea incapaz de ayudarnos.*

La decisión de pedir ayuda o no está en nosotros.

Experiencia de 60 segundos #3

➢ Establezca un plan para vincularse con Dios e invítenlo a que lo guíe en este proceso.

➢ Cierre sus ojos e inhale y exhale en silencio, enfocándose en su respiración.

➢ Cuente hasta 3 cuando inhale, vuelva a contar hasta 3 cuando exhale.

➢ Haga esto por 30 segundos (5 veces cada uno).

➢ **Entonces, declare (dentro de sí) que usted desea vivir bajo un código ético inspirado en lo divino.**

➢ **Pídale a Dios que lo ayude a encontrar el sustento, entendimiento y confianza necesaria para realizar esto.**

➢ Inhale y exhale por 30 segundos más.

➢ Note cómo se siente.

➢ Abra sus ojos.

¿Es incorrecto pedirle ayuda a Dios con los negocios y asuntos financieros?

En lugar de decirles lo que creo sobre esto, les invito a participar en un proceso de preguntas y respuestas. Solo respondan las preguntas en orden. Si tiene alguna dificultad o se siente confundido al responder alguna pregunta, les invito a que simplemente cierren los ojos, se concentren, le pidan asistencia a Dios, y vean lo que viene a su mente.

1. ¿Quién o cuál es la fuerza más sabia en el universo?
2. ¿Quién o qué les dio la vida?
3. ¿Se preocupa este ser por su bienestar?
4. ¿Le ayudaría este ser si se lo pidiera?
5. ¿Le ayudaría este ser a resolver una situación o problema que afecte su vida espiritual?
6. ¿Le ayudaría este ser a resolver una situación o problema que afecte su vida personal?
7. ¿Afecta su vida laboral a su vida personal y espiritual?
8. ¿Afecta su vida personal y espiritual a su vida laboral?
9. ¿Existe alguna buena razón por la cual este ser no le ayudaría a resolver una situación o problema en su vida laboral?
10. ¿Cuándo empezará a pedir ayuda?

Experiencia de 60 segundos #4

- ➢ Establezca un plan para vincularse con Dios e invítelo a que lo guíe en este proceso.
- ➢ Cierre sus ojos e inhale y exhale en silencio, enfocándose en su respiración.
- ➢ Cuente hasta 3 cuando inhale, vuelva a contar hasta 3 cuando exhale.
- ➢ Haga esto por 30 segundos (5 veces cada uno).
- ➢ **Entonces, declare (dentro de sí) que usted desea ser guiado por Dios en su vida laboral.**
- ➢ **Pídale a Dios que lo ayude a realizar esto de una manera que él apoye.**
- ➢ Relájese, escuche y reciba cualquier guía que le llegue a su mente.
- ➢ Inhale y exhale por 30 segundos más.
- ➢ Note cómo se siente.
- ➢ **Agradezca** a **Dios.**
- ➢ Abra sus ojos.

¿Qué es un coach?

Un coach es alguien que le inspira a ser mejor. Un coach le ayuda a crear el mundo que más desea, a alcanzar sus objetivos más importantes, y es la persona que usted anhela ser.

Las personas han estado guiando a otras en el mundo laboral en la medida que han estado haciendo negocios; sin embargo, el término "coaching" (entrenar a una persona en algo) se ha hecho popular recientemente. La mayoría de los asesores, mentores, directores, lideres, supervisores, ejecutivos y personas con todos los tipos de títulos, han jugado un rol como coach en algún momento de las relaciones con sus colaboradores. Un buen coach apoya y reta al aprendiz al mismo tiempo. Un buen coach equilibra el apoyo hacia el aprendiz cuando la ayuda externa es necesaria, y lo reta cuando este tiene la capacidad de ayudarse así mismo.

Los mejores coaches simultáneamente aceptan a sus aprendices tal como son y los incitan a alcanzar una versión aún más alta de lo que ellos desean llegar a ser.

Los buenos coaches pueden aceptar a sus aprendices como son, ya que ellos ven la perfección en el objetivo aún no cumplido. Ellos pueden ver que un niño de primer grado es simplemente una versión perfecta, pero más joven, de un futuro adolescente de duodécimo grado. Los buenos coaches disfrutan del proceso de auto creación y adoran y ayudan a otros a llegar a ser quienes desean ser.

Los buenos coaches aman a sus aprendices, se aman a sí mismos y aman el crecimiento. Aman el proceso de autodefinición, autodescubrimiento y autodominio. Se sienten privilegiados de ser parte del proceso evolucionario de alguien más. Lo aceptan, aprecian, disfrutan, admiran, retan, inspiran y aman a sus aprendices en cada paso del proceso.

Simplemente, ***los buenos coaches aman a sus aprendices en dirección al éxito.***

Dios es el mejor coach de todos.

Experiencia de 60 segundos #5

- ➢ Establezca un plan para vincularse con Dios e invítelo a que lo guíe en este proceso.
- ➢ Cierre sus ojos e inhale y exhale en silencio, enfocándose en su respiración.
- ➢ Cuente hasta 3 cuando inhale, vuelva a contar hasta 3 cuando exhale.
- ➢ Haga esto por 30 segundos (5 veces cada uno).
- ➢ **Entonces, declare (dentro de sí) que usted desea ser inspirado en su vida y el proceso.**
- ➢ **Pídale a Dios que lo ayude a realizar esto.**
- ➢ Relájese, escuche y reciba cualquier guía que le llegue a su mente.
- ➢ Inhale y exhale por 30 segundos más.
- ➢ Note cómo se siente.
- ➢ Agradezca a Dios.
- ➢ Abra sus ojos.

Las cualidades de un gran coach

No todas las personas en liderazgo o cargos de supervisión actúan como coaches. Muchas personas con poder actúan como dictadores, manipuladores y una gran variedad de otros roles que están orientados a inspirar al aprendiz a hacer su mejor esfuerzo. Estas personas solo pueden estar preocupadas en sacar el máximo provecho de sus empleados, sin preocuparse por el crecimiento y el bienestar de los mismos.

El "coaching" es diferente a otros roles en distintas áreas. A continuación, figuran algunas de las áreas más críticas.

1) El poder de un gran coach radica en su ser (quienes son), no en su papel.

2) Los grandes coaches se hacen responsables primero.

3) Los grandes coaches conocen sus propios problemas primero.

4) Los grandes coaches no necesitan nada de sus aprendices.

5) Grandes coaches no tienen una agenda personal para sus aprendices.

6) Los grandes coaches facilitan el desarrollo con preguntas en vez de respuestas.

7) Los grandes coaches no aceptaran el poder de sus aprendices, incluso si este intenta repartirlo.

8) Los grandes coaches no aceptaran las responsabilidades de sus aprendices, incluso si este intenta desprenderse de ella.

9) Los grandes coaches ayudan a hacer responsables a sus aprendices ante sí mismos, no ante el coach.

10) Los grandes coaches evocan la acción a través de la inspiración del aprendiz en lugar de la motivación del coach.

1) El poder de un gran coach radica en su ser (como son), no en su función.

Los grandes coaches son personas poderosas que pueden o no tener posiciones de mando. No desperdician el tiempo recordándole cuál es su cargo o puesto, ya que ese no es donde sus poderes radican. Ellos demuestran de manera constante sus poderes bajo las personas que son y las acciones que toman. Todo lo que el aprendiz necesita es seguir sus notables ejemplos.

2) Los grandes coaches se hacen responsables primero.

Los grandes coaches tienen el poder de mantenerse responsables ante sí mismos. Este poder es la base de sus habilidades para ayudar a otros a hacerse responsables. Sin este poder, un cambio significativamente positivo y creciente ocurrirá de manera rara o lentamente ya que la mayoría de las ideas y planes que cambian la vida no se llegan a concretar. Gracias a este poder, el crecimiento continuo ocurre regularmente, y todo es posible.

3) Los grandes coaches conocen sus propias necesidades primero.

Los grandes coaches satisfacen sus necesidades desde su interior. Se cuidan muy bien así mismos de manera que es innecesario para ellos apoyarse en los demás para satisfacer sus necesidades. Cualquiera necesidad que no puedan satisfacer por sí mismos, buscan satisfacerlas fuera de las relaciones con sus aprendices.

(Usualmente, ellos se guían así mismos).

4) Los grandes coaches no necesitan nada de sus aprendices.

Ya que pueden satisfacer sus propias necesidades, los grandes coaches no necesitan nada de sus aprendices. No necesitan aprobación, atención o alguna otra cosa que pueda causarles poner sus propias necesidades por encima de las de sus aprendices.

5) Los grandes coaches no tienen objetivos personales para asignarles a sus aprendices.

Ya que no necesitan nada de sus aprendices, los grandes coaches no tienen objetivos personales para asignarles a estos. No los necesitan para que validen su capacidad como coach al alcanzar una determinada meta o un resultado en particular. A diferencia de algunos padres que viven sus vidas a través de los logros y fracasos de sus hijos, el valor de un coach como tal no está determinado por el desempeño del aprendiz. Los grandes coaches son libres de enfocar toda su energía en ayudar al aprendiz a alcanzar sus objetivos ya que estas no están siendo utilizadas en intentar satisfacer sus propias necesidades y objetivos.

6) Los grandes coaches facilitan el desarrollo con preguntas en vez de respuestas.

Los grandes coaches no tienen nada que probar. Su propósito es hacer preguntas que ayuden al aprendiz a obtener la respuesta deseada. Si el aprendiz hace una pregunta, este puede ser capaz de responderse a sí mismo; un gran coach lo reorientará invitándolo a encontrar la respuesta por sí mismo. Si el coach es experto en un solo campo, este compartirá lo que sabe de una forma rápida.

7) Los grandes coaches no aceptaran el poder de sus aprendices, incluso si este intenta compartirlo.

Los grandes coaches tienen en cuenta donde radica su poder (en su interior) y el de su aprendiz (dentro del mismo). Los grandes coaches animan a sus aprendices a aceptar su poder, todas las interacciones con el mismo facilitan este proceso de fortalecimiento. Incluso, si el aprendiz intenta dar su poder al coach, este no lo aceptará. Al contrario, lo invitaran a recuperarlo.

8) Los grandes coaches no aceptaran las responsabilidades de sus aprendices, incluso si este intenta desprenderse de ella.

De la misma manera, los grandes coaches tienen en cuenta donde radica su responsabilidad (en su interior) y la de su aprendiz (dentro del mismo). Los grandes coaches llevan a sus aprendices a aceptar su responsabilidad. Si este intenta desprenderse de su responsabilidad, el coach no lo aceptará. Al contrario, lo invitaran a recuperarla.

9) Los grandes coaches ayudan a hacer responsables a sus aprendices ante sí mismos, no ante ellos.

Debido a que un gran coach no le impone objetivos personales al aprendiz, la única persona en hacer responsable al aprendiz es el mismo. El coach puede facilitar esta responsabilidad mediante preguntas poderosas que lleven a los aprendices a analizar que tan bien se hacen responsables ante sus propios objetivos, pero la responsabilidad final radica en el aprendiz. Los grandes coaches pueden hacer preguntas, pero solo el aprendiz las responderá.

10) Los grandes coaches evocan la acción a través de la inspiración del aprendiz en lugar de la de ellos.

La motivación es un factor externo; la inspiración es una fuerza interna. La mayoría de las personas son motivadas a pagar sus cuentas (porque tienen que hacerlo o enfrentaran consecuencias de un origen externo). Los grandes coaches están inspirados a ayudar a sus aprendices porque les encanta (por un deseo interior). Los grandes coaches propician esa misma energía en el aprendiz. Lo ayudan a encontrar una visión inspiradora para estimular el cuerpo, el corazón, la mente y el espíritu del aprendiz. Ellos saben que si una persona se encuentra estimulada en todos estos cuatro aspectos (física, emocional, mental y espiritualmente), tendrá todo el poder, el empuje y la energía que necesitan. No necesitaran fuentes externas (como miedo al fracaso, miedo a la pérdida de aprobación o cualquier otra cosa) para llevarlas al resultado esperado.

Dios es el coach más grande de todos. Conoce y supera estas cualidades mejor que cualquier otro ser. Dios lo es todo y no necesita nada. Es el único Ser que puede estar plenamente para ayudarnos ya que no tiene necesidades insatisfechas.

Los coaches humanos son buenos. Dios es perfecto.

Experiencia de 60 segundos #6

- ➢ Establezca un plan para vincularse con Dios e invítelo a que lo guíe en este proceso.
- ➢ Cierre sus ojos e inhale y exhale en silencio.
- ➢ Haga esto por 30 segundos.
- ➢ **Invite a Dios a que sea la principal fuerza de guía en su vida.**
- ➢ Relájese, escuche y reciba cualquier guía que le llegue a su mente.
- ➢ Inhale y exhale por 30 segundos más.
- ➢ **Haga un compromiso de hacer lo que necesita hacer y ser quien necesita ser para vivir la sabiduría que recibe.**
- ➢ Agradezca a Dios.
- ➢ Abra sus ojos.

Ser guiado por Dios

Existe un gran número de formas para relacionarse con Dios. A continuación, se presentará una forma de estructurar una sesión de orientación con Dios.

1) *Concientización* – Traiga a su mente todas las cosas, bendiciones y personas en su vida por las que está agradecido. Esté abierto a ver todas las formas en las que Dios ya le ha bendecido en su vida. Observe lo que ama de la misma, y exprese su gratitud si gusta.

2) *Tener la intención de relacionarse* – Genere una intención de relacionarse con Dios y oriente sus acciones, sentimientos, pensamientos y esfuerzos con Él, para que se pueda servir de una mejor forma a sí mismo y a los demás.

3) *Relacionarse en silencio* – Relájese, olvide lo que cree que sabe, y tranquilice su mente. Inhale y exhale suave y gentilmente. Sienta la presencia de Dios mientras respire.

4) *Declarar* – Declare lo que desea ser, hacer y tener.

5) *Pedir* – Pídale a Dios que lo apoye a comprender cómo hacer que las cosas sucedan.

6) *Recibir* – Relájese y escuche su sabiduría interior (esa pequeña voz dentro de usted) para que pueda obtener sus respuestas.

7) *Acción específica* – Pida una manera específica de dirigir sus acciones, sentimientos, pensamientos y esfuerzos hacia el resultado que busca.

8) **Comprometerse** – Decida actuar sobre la percepción que reciba y abandone TODAS las excusas.

9) **Reconocimiento** – Agradezca a Dios nuevamente por toda la orientación, comprensión, sabiduría, vida y apoyo que usted recibe.

El proceso completo no tarda más de 1 o 2 minutos. Si este está respaldado por sus acciones, sentimientos, pensamientos y esfuerzos, puede cambiar su vida para siempre.

Este proceso puede ser practicado tan seguido como usted guste. Como al hacer ejercicio, los beneficios que recibe generalmente reflejan la frecuencia con la que utiliza este proceso y lo bien que implementa la sabiduría que recibe.

El siguiente, es un ejemplo de cómo utilizo el proceso en estos momentos.

1) **Concientización** – *"Dios, gracias por las bendiciones asombrosamente maravillosas en mi vida. Estoy increíblemente bendecido y realmente agradecido por todo lo que tengo y lo que soy."*

2) **Tener la intención de relacionarse** – *"Mi intención es la de conectarme contigo y la verdad divina. Por favor, guíame en tus caminos y verdades."*

3) **Relacionarse en silencio** – *Tomé 5 respiraciones profundas, mientras le repetía (internamente) Dios, "Por favor, guíame" en cada respiración hasta tranquilizarme.*

4) **Declarar** – *"Deseo hacer que otros conozcan este libro y este trabajo de una manera que honre y demuestre los principios en el mismo".*

5) **Pedir** – *"¿Cómo puedo hacerles llegar este trabajo a aquellos que más se beneficiarían del mismo?"*

6) **Recibir** – *Recibí el siguiente mensaje desde mi interior – "Primero, saber sin lugar a dudas que los que se supone que reciban este trabajo lo harán en su tiempo. Sabiendo esto, simplemente escribiré el trabajo y hare que otros lo conozcan."*

7) **Acción específica** – Entonces pregunté, *"¿cómo debo hacer esto?"* y mi sabiduría interior me dijo, *"sitúa información sobre el trabajo en tu sitio web, cuéntales a tus amigos, envíales correos electrónicos a tus clientes, publica anuncios en revistas que lleguen a personas interesadas en el trabajo y la espiritualidad. No intentes convencer a nadie. Solo haz que las personas conozcan el trabajo. Entiende que este llegará a aquellos que realmente se beneficiaran del mismo. Regresa por más orientación o detalles en cualquier momento que lo necesites. Por el momento, solo escribe el libro".*

8) **Comprometerse** – Me comprometí a hacer esto y escribí las palabras mencionadas anteriormente.

9) **Reconocimiento** – Entonces, le agradecí a Dios por la orientación, sabiduría y apoyo que recibí. Luego recibí este mensaje, *"Recibiste porque pediste. Puedes pedir cada vez que lo desees".*

Experiencia de 60 segundos #7

➢ **Traiga a su mente todas las cosas y personas en su vida por las que está agradecido.**

➢ **Observe todas las formas en las que Dios ya le ha bendecido.**

➢ Establezca una intención de relacionarse con Dios e invitarlo a que los guíe en este proceso.

➢ Cierre sus ojos e inhale y exhale en silencio.

➢ Haga esto por 30 segundos.

➢ **Declare que usted desea recibir todos los beneficios a disposición al relacionarse con Dios.**

➢ **Pídale a Dios que le ayude a sentirse cómodo al comunicarse mediante este proceso.**

➢ Relájese, escuche y reciba cualquier guía que le llegue a su mente.

➢ Inhale y exhale por 30 segundos más.

➢ **Pídale a Dios que le muestre de manera específica, cómo puede hacer realidad este deseo.**

➢ Haga un compromiso de hacer lo que necesita hacer y ser quien necesita ser para vivir con la sabiduría que recibe.

➢ Agradezca a Dios.

¿Esto en realidad funciona?

Existe solo una manera sencilla de saber la respuesta a esta pregunta, y es experimentar una relación con Dios. Podríamos decir que la única manera de saber si esto funciona o no es "intentándolo", pero nos encontramos nuevamente en una situación ya conocida de tener los resultados determinados por nuestras creencias.

Al decir que deseamos intentar algo es un poco diferente a declarar que tenemos la intención de experimentar algo. *Cuando ya hemos intentado otras cosas, es como si dijéramos, "No estoy seguro de que vaya a funcionar, pero creo que no hay nada que perder, lo intentaré".*

Si tuviera que apostar mi dinero en un atleta que anduviese a tientas en un juego de campeonato, me sentiría mejor si donara mi dinero a la caridad. Por lo menos sé que obtendría algo del mismo. (Creería que este atleta tuvo alrededor de un 20% de oportunidades de éxito y un 80% de oportunidades de perder).

"Lo intentamos" porque sentimos miedo de fracasar. Sentimos miedo de manifestarle al mundo que vamos a hacer algo, y luego descubrir que no podemos hacerlo. Incluso nos aterrorizamos aún más, ante la posibilidad de que el mundo descubra que no somos capaces. Cuando decimos, lo intentaremos, damos una excusa incluso antes de iniciar. Imagínese a un doctor antes de operarlo que le diga, "En realidad no tuve una buena infancia, y no tuve el mejor entrenamiento, pero intentaré arreglar su pierna".

La intención de una experiencia es una cuestión totalmente diferente. Solo escucha la diferencia en el lenguaje:

- Intentaré ver si puedo hacer esto.
- Tengo la intención de hacer esto.

Tener la intención de hacer algo es mucho más poderoso que tratar ya que con seguridad manifiesta un propósito y una anticipación de éxito. No hay nada **insensato** en esto. Una persona que tiene la intención está claro en lo que desea crear o experimentar, y tiene la confianza en su habilidad de poder hacerlo. *Una intención clara con una acción decisiva es muy poderosa.*

Incluso si no tienen más experiencia o talento que otra persona que trata de hacer algo, quien tiene la intención de hacerlo, se encuentra mucho más preparada para el éxito. Esperan confiados en hacer que algo bueno suceda y están listo para tomar una participación activa en la creación de su éxito, mientras que la otra persona que trata, espera sin convicción que algo les suceda. Una persona que trata espera de forma pasiva que las cosas se elaboren. Tienen poca o ninguna confianza, un plan deficiente o ninguno en absoluto y no están listos para tomar medidas enérgicas.

Si la profecía auto realizadora es verdadera, la persona que trata, usualmente experimentará el fracaso, de manera ocasional experimenta el éxito y muy poco influye de forma activa en el resultado. Por otra parte, la persona que tiene la intención, experimentará el éxito con frecuencia (o al menos más a menudo que la persona que lo trata), de manera ocasional experimenta el fracaso (Y para esa persona el fracaso es solo el proceso de aprender lo que no lleva al éxito y luego hacer otra cosa), y siempre jugarán una participación activa al influenciar el resultado a su favor.

Las simples ecuaciones para cada uno pueden ser así…

Para el que trata =

60% **Duda** + 30% **Esperanza** + 5% **Plan** + 5% **Acción**

Todo esto equivale a un **90% de Incertidumbre** (Duda y esperanza) y un **10% de Acción directa** (Plan y acción). La persona tiene un 10% a su favor, por lo tanto, un rango máximo de éxito garantizado del 10%.

Incluso, si la esperanza de esta persona le funciona la mitad del tiempo, la misma solo representa otro 15% (1/2 del 30%) sumado al rango de éxito. De manera que la persona con esperanza tiene un rango de éxito promedio del 25%.

La ecuación de la intención luce así…

Para el que tiene la intención =

25% **De visión clara** del resultado (positivo) deseado+

25% **De anticipación** del resultado (positivo) deseado +

25% **De plan de logro** del resultado (positivo) deseado +

25% **De acción** para lograr el resultado (positivo) deseado

Todo esto equivale al 100% (Rango máximo de éxito garantizado) de energía que va en dirección al éxito. Incluso, si la persona tiene un plan deficiente y toma decisiones incorrectas la mitad del tiempo, aún existe un 75% de rango de éxito promedio. (Tan solo pierden un 25% de 1/2 del 50%).

Ahora, esta es la respuesta sencilla a la pregunta, "¿Esto en realidad funciona?" ***Realmente funciona si tienes la intención.***

Si usted tiene…

1) **Una visión clara del resultado deseado** (Al recibir la orientación de Dios que le ayude a llevarlo hacia una vida más satisfactoria) <u>MÁS</u>

2) **anticipación del resultado deseado** (Anticiparse a que Dios le ayudará, si está dispuesto a recibir la orientación) <u>MÁS</u>

3) **Un plan para lograr el resultado deseado** (Al utilizar las ideas presentadas en este libro u otro plan, con el que se sienta confiado, le funcionará) <u>MÁS</u>

4) **Tome medidas enérgicas para lograr el resultado deseado** (Tome las medidas que ha elegido con confianza y seguridad),

…luego es muy probable que usted creará o experimentará lo que más desea. Aunque no experimente el éxito de manera inmediata, persistirá hasta lograrlo. ***Esto es lo que llamamos intención inquebrantable – una intención que permanece y no cambia hasta que se haya realizado.*** Ninguna fuerza exterior la detiene. Este es el tipo de intención que la mayoría de las personas poderosas en el planeta demuestran en su vida. Ellos deciden (tener la intención) crear algo poderoso, y hacen lo que sea necesario *por el tiempo que tarde hasta que lleguen a ser exitosos.*

Usted puede tener una intención inquebrantable si lo desea, puede ser un cocreador junto a Dios, puede experimentar la relación divina si lo desea. La única pregunta restante es, "¿Tendrá la intención de relacionarse con Dios o tratará?".

La respuesta a esa pregunta es la misma a la anteriormente realizada, "¿Esto en realidad funciona?".

Experiencia de 60 segundos #8

- ➢ **Traiga a su mente todas las cosas y personas en su vida por las que está agradecido.**
- ➢ **Observe todas las formas en las que Dios ya le ha bendecido.**
- ➢ Establecer una intención de relacionarse con Dios e invitarlo a que los guíe en este proceso.
- ➢ Cierre sus ojos e inhale y exhale en silencio.
- ➢ Haga esto por 30 segundos.
- ➢ **Declare que usted desea hacer un cambio de una persona que intenta a una que pretende.**
- ➢ **Pídale a Dios que le ayude a sentirse cómodo enérgicamente pretendiendo la visión más grandiosa de lo que usted más desea.**
- ➢ Relájese, escuche y reciba cualquier guía que le llegue a su mente.
- ➢ Inhale y exhale por 30 segundos más.
- ➢ Pídale a Dios que le muestre de manera específica, cómo puede hacer realidad este deseo.
- ➢ Haga un compromiso de hacer lo que necesita hacer y ser quien necesita ser para vivir con la sabiduría que recibe.
- ➢ Agradezca a Dios y abra sus ojos.

¿Cómo saber si estoy conectado?

No existe una forma garantizada de probar que una persona está conectada con Dios, pero existen muchas formas de saberlo por usted mismo. Cuando estamos conectados con Dios, obtenemos muchos sentimientos divinos, simultáneamente.

Algunos de los muchos sentimientos divinos que experimentamos al conectarnos son:

Paz	*Tranquilidad*	*Regocijo*
Compasión	*Aceptación*	*Libertad*
Enfoque	*Discernimiento*	*Alegría*
Abundancia	*Prosperidad*	*Creatividad*
Sabiduría	*Perennidad*	*Determinación*
Amor incondicional	*Unidad con el universo*	

Hay algunos de los sentimientos que solo podemos experimentar cuando nos conectamos con Dios. También podemos sentir ciertas sensaciones en algunas partes del cuerpo que nos permiten darnos cuenta que estamos conectados. Algunas personas sienten una sensación de amor en su corazón, mientras que otras pueden llegar a sentir un hormigueo en la cabeza. Otras pueden llegar a sentir algunas sensaciones a lo largo de todo su cuerpo.

Cuanto más se conecte con Dios, más se familiarizará con lo que siente por usted cuando está conectado. Esto le permitirá saber mucho más cuando recibe la orientación de su mente espiritual, a diferencia de su mente emocional (sentimiento) o intelectual (pensamiento).

Experiencia de 60 segundos #9

➢ Traiga a su mente todas las cosas y personas en su vida por las que está agradecido.

➢ Observe todas las formas en las que Dios ya le ha bendecido.

➢ Establecer una intención de relacionarse con Dios e invitarlo a que los guíe en este proceso.

➢ Cierre sus ojos e inhale y exhale en silencio.

➢ Haga esto por 30 segundos.

➢ **Declare que usted desea siempre estar consciente cuando se encuentre conectado y cuando no.**

➢ **Pídale a Dios que le ayude a saber cuándo está desconectado de manera que pueda tener la oportunidad de volver a relacionarse.**

➢ Relájese, escuche y reciba cualquier guía que le llegue a su mente.

➢ Inhale y exhale por 30 segundos más.

➢ Pídale a Dios que le muestre de manera específica, cómo puede hacer realidad este deseo.

➢ Haga un compromiso de hacer lo que necesita hacer y ser quien necesita ser para vivir con la sabiduría que recibe.

➢ Agradezca a Dios y abra sus ojos.

¿Te sientes conectado o desconectado?

Al leer las siguientes palabras, internalícelas y experiméntelas. Recuerde las veces en las que se ha sentido de esta manera.

Cuando no estamos conscientes de nuestra relación con Dios, nos podemos sentir desconectados, solos, inseguros, temerosos, juzgados, incómodos, nerviosos y con cualquier otro tipo de sentimientos restrictivos. Nos comprometemos en nuestras dependencias en un intento por escapar de nuestros sentimientos y nuestra realidad. Si tan solo pudiéramos alejarnos por un momento, nos sentiríamos mucho mejor, pero no podemos. Estamos atrapados en nuestro infierno privado mientras caminamos alrededor de la tierra. Nada parece estar funcionando bien para nosotros, y todo parece ir en contra de nosotros. Es como si el mundo conspirara para hacernos caer. Discutimos con nuestros amigos, con nuestros seres amados y compañeros de trabajo. Nadie quiere estar cerca de nosotros y nos sentimos solos. Las noticias solamente confirman cuan terrible está el mundo y sabemos que el mañana no será mejor. Nos sentimos ansiosos y preocupados por cada pequeño detalle de la vida. Estamos temerosos de lo que podría pasar mañana, nos culpamos a nosotros mismos de lo que sucedió ayer. Nos trasnochamos preocupados y pasamos el día obsesionados. La vida solo parece capaz de parecer miseria. La vida es miserable.

Después de leer sobre el sentirse totalmente desconectado de Dios, ¿Cómo se siente?

¿Esta relajado o sin aliento?

¿Late su corazón lenta o rápidamente?

¿Se siente tranquilo o ansioso?

¿Se siente cómodo o incómodo?

¿Se siente competente o incompetente?

Piense en su meta más grandiosa… ¿Piensa que puede lograrla?

Piense en su miedo más grande… ¿Le preocupa más o menos de lo usual?

¿Qué tan cerca se siente de Dios?

Ahora, al leer las siguientes palabras, internalícelas y experiméntelas. Recuerde las veces en las que se ha sentido de esta manera.

Cuando estamos totalmente conscientes de nuestra relación con Dios, todo es grandioso. Nos sentimos relajados, cómodos, seguros, confiados, amados, protegidos, apoyados, aceptados y otra gran variedad de sentimientos positivos y expresivos. Estos sentimientos nos llevan a tomar decisiones fuertes y confiables.

Somos fuertes cuando Dios trabaja por medio de nosotros, sentimos una sensación de propósito y significado que carecemos de otro modo.

Todo parece trabajar a favor de nosotros, nos sentimos como un atleta que está "en su zona de confort". El universo conspira a nuestro favor y unos apoyan en todo lo que hacemos. Nos damos cuenta que no podemos fracasar, de manera que triunfamos. Nuestra confianza es muy contagiosa que impactamos de manera positiva a todas las personas alrededor de nosotros. Las personas se sienten atraídas por nosotros y desean pasar tiempo con nosotros. La abundancia de forma natural traza un camino hacia nuestras puertas, y nos sentimos unidos con todas las cosas y todas las personas. Podemos dejar ir cualquier cosa porque sabemos que Dios está siempre ahí para guiarnos y proveernos. Vivimos plenamente en el presente ya que no sentimos lástima por el pasado o preocupación por el futuro. Dormimos bien por las noches y nos despertamos con mucha energía. La vida está llena de maravillas. Es maravillosa.

Después de leer sobre el sentirse totalmente conectado a Dios, ¿Cómo se siente?

¿Esta relajado o sin aliento?

¿Late su corazón lenta o rápidamente?

¿Se siente tranquilo o ansioso?

¿Se siente cómodo o incómodo?

¿Se siente competente o incompetente?

Piense en su meta más grandiosa… ¿Piensa que puede lograrla?

Piense en su miedo más grande… ¿Le preocupa más o menos de lo usual?

¿Qué tan cerca se siente de Dios?

Sentirse conectado o desconectado con Dios puede hacer toda la diferencia en el mundo. Puedo determinar si tenemos o no la confianza, la energía y el enfoque para lograr nuestros mayores objetivos o repetir nuestros mayores fracasos. El resultado a menudo depende de si nuestro estado de ánimo promueve o impide nuestro éxito.

Oportunidad + Nuestro Estado de Ánimo = Resultado

Si pasamos la mayoría de nuestro tiempo desconectado, reducimos las probabilidades de ser exitosos ya que nuestro estado de ánimo puede evitarlo. Sin embargo, si usualmente estamos conectados, nuestras oportunidades se convertirán en éxitos.

Todos tenemos oportunidades. Las personas más exitosas, realizadas y felices aprovechan todas sus oportunidades. Puede ser cierto que algunas personas parecen tener más oportunidades que otras, pero no quiere decir nada si las mismas no son capitalizadas.

Al mantenerse conectado con Dios aumenta nuestras ocasiones de tomar ventajas de todas las oportunidades que se nos presentan. Cuando hacemos esto, la vida está llena de significado, abundancia, éxito y diversión.

Experiencia de 60 segundos #10

- ➢ Traiga a su mente todas las cosas y personas en su vida por las que está agradecido.
- ➢ Observe todas las formas en las que Dios ya le ha bendecido.
- ➢ Establecer una intención de relacionarse con Dios e invitarlo a que los guíe en este proceso.
- ➢ Cierre sus ojos e inhale y exhale en silencio.
- ➢ Haga esto por 30 segundos.
- ➢ **Pídale a Dios que le ayude a saber cuándo está desconectado permitiéndole sentir alguna sensación en su cuerpo o alguna otra señal clara y obvia.**
- ➢ **Declare que va a iniciar y se volverá a conectar por 5 segundos cada vez que sienta esta sensación.**
- ➢ Relájese, escuche y reciba cualquier guía que le llegue a su mente.
- ➢ Inhale y exhale por 30 segundos más.
- ➢ Pídale a Dios que le muestre de manera específica, cómo puede hacer realidad este deseo.
- ➢ Haga un compromiso de hacer lo que necesita hacer y ser quien necesita ser para vivir con la sabiduría que recibe.
- ➢ Agradezca a Dios y abra sus ojos.

Llevar a Dios con usted al trabajo

Si usted fuera un programador de computadoras, y pudiera llevar al mejor programador del mundo a trabajar todos los días con usted (sin pago alguno) para que lo aconseje de cómo hacer de la mejor manera su trabajo, ¿lo haría?

Si usted fuera un presentador de un programa de entrevistas, y pudiera llevar al mejor presentador del mundo a trabajar todos los días con usted (sin pago alguno) para que lo aconseje de cómo entrevistar de la mejor manera a las personas y a atraer más invitados, ¿lo haría?

Si usted fuera un inversionista, y pudiera llevar al mejor inversionista del mundo a trabajar todos los días con usted (sin pago alguno) para que lo aconseje de cómo invertir de la mejor manera el dinero de sus clientes, ¿lo haría?

¿Cree usted que Dios es tan experto como cualquiera de las mejores personas en estos campos laborales?

¿Cree usted que a lo mejor Dios es más experto que las mejores personas?

¿Cree usted que Dios sabe mejor que cualquier otro ser cómo ayudarlo a que usted realice de una mejor manera su trabajo?

Si usted pudiera llevar a Dios a trabajar con usted todos los días (sin pago alguno) para que lo aconseje de cómo hacer de la mejor manera su trabajo, ¿lo haría?

Si ha respondido, "si" a esta pregunta, y no está llevando a Dios a trabajar con usted, ¿qué le impide hacerlo?

Experiencia de 60 segundos #11

➤ Traiga a su mente todas las cosas y personas en su vida por las que está agradecido.

➤ Observe todas las formas en las que Dios ya le ha bendecido.

➤ Establecer una intención de relacionarse con Dios e invitarlo a que lo guíe en este proceso.

➤ Cierre sus ojos e inhale y exhale en silencio.

➤ Haga esto por 30 segundos.

➤ **Declare que usted desea buscar guía divina cuando tenga preguntas sobre su vida o trabajo.**

➤ **Pídale a Dios a que siempre le ayude a ser consciente de cuando seria propicio recibir guía divina.**

➤ Relájese, escuche y reciba cualquier guía que le llegue a su mente.

➤ Inhale y exhale por 30 segundos más.

➤ Pídale a Dios que le muestre de manera específica, cómo puede hacer realidad este deseo.

➤ Haga un compromiso de hacer lo que necesita hacer y ser quien necesita ser para vivir con la sabiduría que recibe.

➤ Agradezca a Dios y abra sus ojos.

Guía regular con Dios

Usted podría llegar a la conclusión de que desea comprometerse en una relación formal y organizada con Dios. Podría elegir un horario habitual para relacionarse e incluso abordar ciertos temas con Dios. No existe una fórmula mágica para esto, aunque hay muchas formas de realizarlo. Depende de su estilo, podría utilizar una gran variedad de herramientas en diferentes momentos. A continuación, se presentan algunas ideas de cómo realizar esto.

Horarios regulares (programados), flexibles

Una forma eficaz de relacionarse con Dios es programar un horario regular cuando se conecte para recibir orientación. Esto le permite crear una relación fuerte ya que su cuerpo y su mente se acostumbran a hacerlo, y con el tiempo se anticipan al momento que usted emplea al relacionarse. Podría decidir esto por poco tiempo diariamente o puede decidir comprometerse a un largo periodo basándose semanalmente. Experimente para que descubra cual funciona mejor para usted.

Horarios regulares programados

Otra forma eficaz incluye relacionarse en una relación de entrenamiento formal y organizado. Podría decidir tener proceso específico o progresión en una sesión de 10 a 30 minutos que se repita cada 3 meses aproximadamente. Este podría ser un ejemplo…

Semana 1	Establezco una relación y expreso gratitud por todas mis bendiciones.
Semana 2	Comparto mis objetivos con Dios y le pido que me muestre cuales serán más beneficiosos para mí
Semana 3	Pido claridad para saber cómo medir el éxito con metas y establecer fechas para la culminación de objetivos
Semana 4	Defina medidas de acciones específicas para la culminación de sus metas
Semanas 5-10	Pida medidas de acciones específicas para que le ayuden a alcanzar sus metas
Semana 11	Pida claridad sobre cualesquiera cabos sueltos
Semana 12	Exprese gratitud por la ayuda divina

Conexiones diarias

Algunas personas prefieren vivir su vida según su divinidad en lugar de la humanidad. Esto usualmente implica vivir según su sabiduría divina en lugar de su cerebro o intelecto. Si utilizamos nuestro cerebro para guiar nuestra vida, nos veremos limitados por la capacidad del mismo. Probablemente organizaremos nuestras vidas en base a un pensamiento convencional y tradicional ya que esos son los tipos de pensamientos que nuestro cerebro produce. (Como una computadora, **nuestro cerebro da lo que recibe, pero no genera nuevas ideas**).

Por otra parte, la sabiduría divina es la fuente de nuestras inspiraciones y saltos creativos. *Cuando aprovechamos la sabiduría divina, vamos más allá de las limitaciones de nuestros pensamientos preprogramados y del pensamiento aprendido.* Accedemos a la orientación que nos puede decir de una manera precisa que es lo mejor para nosotros en cada momento. Esta orientación no está limitada por las barreras del pensamiento humano.

Una persona podría recibir la orientación para trabajar los lunes de 7:00 a.m. a 3:00 p.m. los martes de 10:00 a.m. a 4:00 p.m. ir a pescar los miércoles por la mañana para revitalizarse y trabajar de 2:00p.m. a 5:00 p.m. trabajar los jueves de 8:00 a.m. a 6:00 p.m. y los viernes de 10:00 a.m. a 2:00 p.m. Este es el horario que llevaría rendimiento óptimo, creatividad y éxito para esta persona. Tal vez este calendario al parecer poco convencional sería exactamente lo que esta persona necesita para que de su próximo salto creativo. Quizás nuestros pensamientos convencionales sobre el trabajo de una semana laboral estructurada que dura un cierto número de horas todos los días, no es lo más eficaz. *Tal vez Dios sabe algo que nosotros no.*

Mientras nos sintamos más cómodos conectándonos, nos veremos buscando orientación a diario. Podríamos darnos cuenta que no necesitamos planificar todo tres años, tres meses o incluso tres semanas por adelantado. Podemos decidir conectarnos simplemente cada mañana por 5 minutos y recibir orientación proveniente de Dios que sería lo mejor para nosotros para realizar próximamente. *Puede parecer alarmante para nosotros olvidar nuestros planes y horarios y confiar en otro para que guíe nuestra vida. Sin embargo, no puede parecer tan alarmante cuando nos damos cuenta que es Dios en quien estamos confiando nuestra vida.*

Sesiones de preguntas y respuestas

Recibir la orientación de Dios puede ser algo muy informal. Usted simplemente puede decidir pedirle que lo guíe en las diversas preguntas que usted pueda tener; o también puede elegir escribir las preguntas que le puedan surgir en el transcurso de la semana y luego pedir orientación en una sesión diaria o semanal. Esta es una manera muy simple de relacionarse con Dios que puede ajustarse fácilmente a su horario actual y forma de vida.

Conexiones inmediatas

Usted puede decidir relacionarse con Dios en el momento que tenga alguna pregunta. Cada vez que necesite ser asistido, puede tomarse algunos minutos y obtener la orientación que necesite en el momento. Si la pregunta no es de urgencia y prefiere relacionarse con Dios más tarde, simplemente espere a que se le presente un mejor momento en el día. Esta puede ser la forma de relacionarse más fácil para recordar. ***Cada vez que se sienta inseguro o que no sepa algo, simplemente pregúntele a Dios.***

Comunicación constante

Algunas personas están pendientes de Dios todo el tiempo. En lugar de esperar que se les presente una pregunta o una crisis, ellos, proactivamente, mantienen una constante relación con Dios tanto como pueden. De esta manera, se encuentran más preparados para preguntas o potenciales crisis que les pueda esperar. Debido a que están tan preparados, muy pocas cosas les pueden causar una crisis. Solo tienen situaciones a las que deben enfrentar. Para estas personas, el no estar conectados es una excepción a la regla.
La gran mayoría del tiempo, se encuentran preparados para cualquier situación que se les presente.

Los instructores espirituales y ejemplos a seguir más grandes comparten esta cualidad. Gracias a esto son tan sabios y están preparados para enfrentar situaciones. Ellos dedican su tiempo exponiéndose a la sabiduría y orientación de Dios en lugar de solo buscar de él cuando se les presenta un problema. Pueden figurar para otros como la fuente de su poder, enfoque, y sabiduría, pero estos conocen la verdad y les cuentan a esos que piden, que su verdadera fuente es Dios.

No existen "deberes" cuando se trata de establecer una relación con Dios. Solo existe lo que mejor funciona para usted. Probablemente es lo mejor para usted que experimente de manera personal, y decida cual forma (s) le ayuda en la manera que más desea ser asistido. (Con el fin de informarse completamente de cuál es la forma más eficaz para usted, puede intentar cada forma sugerida, así como cualquier otra con la que se relacione).

Lo más importante que debe saber es que SIEMPRE se podrá conectar en el momento que así lo desee. Al saber que usted tiene acceso a la orientación y al apoyo del ser más poderoso en el universo cada vez que lo desee elimina por completo, todo el estrés, la ansiedad, y preocupación. ¡Todo ello! Las veces en que nos sentimos estresados, impotentes y perdidos es cuando nos olvidamos (O cuando no los sabemos en lo absoluto) que tipo de apoyo y orientación está disponible para nosotros, simplemente pidiendo.

Experiencia de 60 segundos #12

- ➢ Traiga a su mente todas las cosas y personas en su vida por las que está agradecido.

- ➢ Observe todas las formas en las que Dios ya le ha bendecido.

- ➢ Establezca una intención de relacionarse con Dios e invítelo a que lo guíe en este proceso.

- ➢ Cierre sus ojos e inhale y exhale en silencio.

- ➢ Haga esto por 30 segundos.

- ➢ **Declare que usted desea relacionarse con Dios de la forma (s) que resulte más eficaz para usted.**

- ➢ **Pídale a Dios a que le ayude a realizar esto y que le ayude a SABER POR COMPLETO que puede conectarse con su presencia en cualquier momento.**

- ➢ Relájese, escuche y reciba cualquier guía que le llegue a su mente.

- ➢ Inhale y exhale por 30 segundos más.

- ➢ Haga un compromiso de hacer lo que necesita hacer y ser quien necesita ser para vivir con la sabiduría que recibe.

- ➢ Agradezca a Dios y abra sus ojos.

Su misión personal y profesional

Una de las preguntas más sencillas, a través de la historia, a responder por los humanos ha sido, "¿Cuál es mi propósito?" Deseamos saber porque estamos en la Tierra y para hacer que o ser quien estamos aquí. El punto importante es que a pesar de que muchas personas, probablemente la mayoría, aún están en busca de responderse esa pregunta por sí mismos, parece haber muchas personas listas para decirnos lo que piensan que debemos ser o hacer. Entre algunas de las personas que pueden tener opiniones muy firmes y definidas respecto a nuestras vidas se encuentran nuestros amigos, familiares, compañeros de trabajo, los medios de comunicación, la sociedad, instituciones religiosas y otras organizaciones. *Debido a que muchas de estas personas parecen no haber encontrado aún su propia misión, parece que las respuestas más atinadas provienen de nuestro creador.*

Muchas personas creen que una misión o un propósito están ligados una vocación o trabajo específico. Tales personas parecen creer que es solo posible hacer realidad su misión si participan en un determinado tipo de trabajo. Esto puede explicar porque muchos de nosotros nos sentimos como si no estuviéramos realizando lo que estamos llamados a hacer. Sentimientos como estos pueden llevarnos a la frustración, a la decepción e incluso a la desesperación. Puede ser que la razón por la que no nos sentimos satisfechos en nuestro trabajo es que no hemos encontrado lo que necesitamos hacer.

Desde este punto de vista, asociamos el cumplimiento con el hacer.

Realmente, decimos esto...

Si realizamos la actividad A, estaremos satisfechos.

Si no realizamos la actividad A, no estaremos satisfechos.

Se puede decir que nuestra forma de ser (de estar realizado) depende de lo que hagamos (actividad A). Si es cierto, entonces solo podemos estar satisfechos cuando estamos activos. Tendríamos que actuar de manera constante para estar satisfechos. Si no lo hacemos, no lo estaríamos.

Existen algunas contradicciones en este razonamiento. Primero, muchos de nosotros experimentamos la satisfacción cuando disfrutamos un momento con un amigo, al ver a un ser querido o incluso al estar en la naturaleza. En cualquiera de estos casos, en realidad no hacemos nada.

Segundo, como han señalado muchos escritores anteriormente, si nuestro bienestar depende de lo que hacemos, cuando dejamos de actuar, ¿Dejaríamos de ser?, evidentemente no es el caso.

Tercero, existen muchas formas de realizar cualquier trabajo. Una persona puede realizar un empleo como trabajador social o un enfermero (empleos considerados por la mayoría de las personas como significativos y valiosos) y realizarlo de una manera irrespetuosa, poca amable y perjudicial para las personas que atienden. Del mismo modo, una persona puede realizar un trabajo como asesor financiero o vendedor (considerados por muchos como empleos de interés personal o principalmente financieros), y esta persona puede realizar el trabajo de una manera respetuosa, amable y totalmente adecuada para satisfacer las necesidades de sus clientes. En cada ejemplo, es la forma de ser de las personas la que determina como realizan el trabajo y no al contrario. *Es posible para una persona estar satisfecha en muchos tipos de trabajos si lo realizan de una manera fiel a su forma de ser. Una persona amable realizando un trabajo de la misma manera, sin duda experimentará la satisfacción.*

Puede resultar más preciso decir que existen ciertos tipos de trabajos donde nos *sentimos* más satisfechos o nos divertimos más. Esto no cambia el hecho de que podemos *estar* satisfechos en diferentes tipos de trabajos si nuestra forma de ser está dirigida a realizar el trabajo de una manera satisfactoria (cual sea el tipo de trabajo). Podemos elegir reformular nuestra afirmación anteriormente para ser leída de esta manera...

Si realizamos la actividad A, nos <u>sentiremos</u> satisfechos.

Si no realizamos la actividad A, no nos <u>sentiremos</u> satisfechos.

A medida que maduramos, podremos darnos cuenta que podemos estar *y sentirnos* satisfechos en casi cualquier tipo de trabajo. En ese momento, podemos ver que somos los responsables de llevar nuestro ser realizado a nuestro trabajo. Al saberlo, esto puede ser de gran ayuda en los momentos que tengamos que realizar trabajos o tareas específicas que no nos agraden mucho – algo que suele suceder en todo tipo de trabajos; aun así, podemos estar satisfechos mientras desempeñamos nuestro rol en el mismo, incluso si preferimos reunirnos con los clientes, y podemos experimentar la satisfacción en todo el trabajo que realicemos.

Una forma sencilla de hacer esto es mantenernos conscientes de porque hacemos lo que hacemos. Muchas personas dejan recordatorios donde los puedan ver para así recordar las cosas más importantes para ellos. Si deseamos experimentar la satisfacción al ayudar a los pobres y trabajamos en un lugar que este no sea su propósito, podemos tener una imagen frente a nosotros para recordar nuestra misión. Una foto de nuestra familia puede ayudarnos a tener presente para qué trabajamos y podemos conectarnos con el sentimiento de satisfacción que nos invade al saber que estamos ayudando a aquellos que más amamos.

Evidentemente, podemos decidir encontrar el trabajo que más disfrutaremos y llevaremos nuestro ser realizado al trabajo. De esta manera, nos prepararemos para el éxito al encontrar el trabajo que más agradable sea para nosotros (nuestras actividades favoritas) y llevar nuestro ser satisfecho (forma de ser) al mismo. Al hacer esto, demostramos nuestro reconocimiento en que *la satisfacción está en nosotros y no en el trabajo. No la buscamos en el trabajo ya que sabemos que no se encuentra allí. La buscamos donde siempre ha estado – dentro de nosotros.*

Experiencia de 60 segundos #13

- ➤ Traiga a su mente todas las cosas y personas en su vida por las que está agradecido.
- ➤ Observe todas las formas en las que Dios ya le ha bendecido.
- ➤ Establezca una intención de relacionarse con Dios e invítelo a que lo guíe en este proceso.
- ➤ Cierre sus ojos si gusta.
- ➤ Inhale y exhale en silencio por 30 segundos.
- ➤ **Declárele a Dios que usted desea llevar su ser realizado al trabajo.**
- ➤ **Pídale a Dios a que le ayude a saber cuál es la mejor manera de realizar el trabajo de una forma satisfactoria.**
- ➤ Relájese, escuche y reciba cualquier guía que le llegue a su mente.
- ➤ Inhale y exhale por 30 segundos más.
- ➤ Pídale a Dios que le muestre de manera específica cómo puede hacer realidad este deseo.
- ➤ Haga un compromiso de hacer lo que necesita hacer y ser quien necesita ser para vivir con la sabiduría que recibe.
- ➤ Agradezca a Dios.
- ➤ Abra sus ojos.

Dirigir su misión hacia una visión inspiradora

Sí quiere saber cuan factible es que usted realmente actúe en su misión de vida, analice lo inspiradora que es su visión.

Si usted ha creado una visión clara en su mente que lo emocione, que le da energía, que lo empuje de manera emocional, que lo llene de amor, que haga fluir sus ideas, que lo mantengan en las noches evaluando posibilidades y que lo hagan querer levantarse de la cama temprano por las mañanas, entonces usted tiene una gran oportunidad que va a representar su misión y tendrá éxito en el cumplimiento de su visión.

Por otra parte, si usted tiene una idea difusa de lo que quiere y piensa que su visión o su trabajo lo hacen sentir confundido, cansado, inseguro, indeciso, perezoso, aburrido u otro sentimiento parecido, es probable que usted no va a representar su misión y no tendrá éxito en el cumplimiento de su visión. De hecho, es posible que ni siquiera desee levantarse de la cama. Podría solamente decidir ausentarse por enfermedad de esta vida.

Una visión inspiradora es muy esencial ya que le ayuda a generar la energía y el entusiasmo necesario para que usted quiera trabajar felizmente hacia el cumplimiento de sus objetivos y sueños. Su abundante entusiasmo lo lleva de manera natural a tomar medidas fuertes. Se interesa en aprender lo que necesita saber, en conocer a quien necesita conocer y a hacer lo que necesita hacer. Lo que no sabe, lo investiga. Usted puede hacer todo esto por una sencilla razón – tiene una gran cantidad de energía disponible para usted.

Su energía es el combustible para el camino hacia el cumplimiento de su visión. Todos tenemos instrumentos similares (nuestros cuerpos), pero sin el combustible necesario (energía y entusiasmo) el automóvil más rápido del mundo no irá a ninguna parte. ¿Entiende usted eso? *No importa que tan inteligente, poderoso, fuerte, apuesto, popular o amigable usted es. Sin combustible, no hay movimiento.*

Por lo tanto, una buena guía para usted es ver cuán emocionado se encuentra al momento de crear su visión. *Si esta no lo entusiasma, aún necesita trabajar en ella.* Puede que solo necesite ser ajustada en lugar de restructurarla, pero aún necesita trabajo. Si no hay chispa, no habrá fuego.

Esto es cierto en todos los aspectos de su vida. Si la visión o la idea de tener niños no lo inspira, ¿Qué tan emocionado estará de levantarse a mitad de noche y cambiarles los pañales? Si la visión de hacer un determinado tipo de trabajo lo mata del aburrimiento, es importante que sepa que literalmente eso lo matará del aburrimiento. (Eso literalmente les absorberá su energía diaria hasta que muera lentamente). Si la visión de casarse con una determinada persona le hace sentirse desdichado, es importante que sepa que usted se sentirá desdichado. (Y la persona con la que se case probablemente también lo será).

Su energía alrededor de una visión solo le da una idea de lo que depara el futuro. Si usted se siente bien y puede ver cosas buenas, entonces ha tomado correctamente el primer paso. Habrá muchos otros pasos para cumplir su visión, pero su alto grado de energía será un gran factor al prepararse para el éxito. Si no se siente bien con su visión, quiere decir que aún le falta trabajo por realizar. Finalmente, *si usted se propone un objetivo tedioso y lo logra, lo mejor que puede suceder es que termine aburrido.*

Si bien es cierto que la emoción es una cualidad necesaria para cumplir una visión, esta no es suficiente por sí sola. Es probable estar emocionado por una visión y aun así tener muy pocas oportunidades de alcanzarla. Las siguientes, son algunas razones por las que la emoción por sí sola no es suficiente:

- Creer que la visión no es posible.
- Falta de habilidad para sobreponerse a las creencias de otras personas que la visión no es posible.
- Falta de voluntad o disciplina para tomar las medidas necesarias.
- Falta de voluntad para pedir ayuda cuando sea necesaria.
- Suponer que Dios o alguien más realice el trabajo por usted.
- Falta de confianza para tomar medidas fuertes.

Cual sea la razón, es seguro *que Dios puede darnos orientación, confianza, apoyo o cualquier otra cosa que podamos necesitar para cumplir con nuestras visiones más altas y audaces. Todo lo que necesitamos hacer es pedir y vamos a recibir toda la ayuda y orientación que necesitemos.*

Experiencia de 60 segundos #14

- ➢ Traiga a su mente todas las cosas y personas en su vida por las que está agradecido.
- ➢ Observe todas las formas en las que Dios ya le ha bendecido.
- ➢ Establezca una intención de relacionarse con Dios e invítelo a que lo guíe en este proceso.
- ➢ Cierre sus ojos si gusta.
- ➢ Inhale y exhale en silencio por 30 segundos.
- ➢ **Declárele a Dios que usted desea recibir una visión de su trabajo que lo vaya a inspirar.**
- ➢ **Pídale a Dios a que le ayude a alejarse de cualquier duda que usted pueda tener y predispóngase a esto que será posible al relacionarse con Dios.**
- ➢ Relájese, escuche y reciba cualquier guía que le llegue a su mente.
- ➢ Inhale y exhale por 30 segundos más.
- ➢ Pídale a Dios que le muestre de manera específica cómo puede hacer realidad este deseo.
- ➢ Haga un compromiso de hacer lo que necesita hacer y ser quien necesita ser para vivir con la sabiduría que recibe.
- ➢ Agradezca a Dios y abra sus ojos.

Vivir su propósito de vida en el trabajo

No existe una fórmula mágica para vivir su propósito de vida en el trabajo, pero hay muchas preguntas que le ayudaran a esclarecer como es. Tómese un tiempo para responder las siguientes preguntas. Escriba las respuestas en una página a la medida que le lleguen. Esto le funcionará primero para que se tome unos minutos para establecer una relación con Dios.

Visión

1. ¿Cómo puedo vivir mi propósito de vida de una forma que le sirva a los demás y que me nutra?

2. ¿Qué cualidades especiales o regalos divinos debo poseer para que me ayuden con mi propósito de vida de una forma que le sirva a los demás y que me nutra?

3. ¿Cómo puedo maximizar estos dones divinos de una forma que le sirva a los demás y que me nutra?

4. ¿Qué cualidades humanas debo poseer que me harán difícil vivir mi propósito de vida de una forma que le sirva a los demás y que me nutra?

5. ¿Cómo puedo manejar estas cualidades humanas especiales de una manera que sirve a los demás y que me nutra?

6. ¿Cómo podría contribuir a los demás de una manera que me funcione a mí y al cumplimiento de mi propósito de vida?

Detalles

7. ¿Cómo específicamente, sería vivir mi propósito de vida en el trabajo?

8. ¿Cómo emplearía mi tiempo?

9. ¿Qué actividades necesitaría hacer?

10. ¿Sobre qué necesitaría leer o aprender?

11. ¿Con qué tipo de personas debo trabajar, recibir apoyo y conocer?

12. ¿Qué puedo hacer ahora mismo para experimentar el estar satisfecho?

13. ¿Cómo voy a saber con certeza que vivo el propósito de mi vida en el trabajo? (¿Qué señales me lo van a decir?)

Experiencia de 60 segundos #15

➢ Traiga a su mente todas las cosas y personas en su vida por las que está agradecido.

➢ Observe todas las formas en las que Dios ya le ha bendecido.

➢ Establezca una intención de relacionarse con Dios e invítelo a que lo guíe en este proceso.

➢ Cierre sus ojos si gusta.

➢ Inhale y exhale en silencio por 30 segundos.

➢ **Declárele a Dios que usted desea vivir su propósito de vida en el trabajo.**

➢ **Pregúntele a Dios que puede hacer usted hoy día para empezar a realizar esto.**

➢ Relájese, escuche y reciba cualquier guía que le llegue a su mente.

➢ Inhale y exhale por 30 segundos más.

➢ Pídale a Dios que le muestre de manera específica cómo puede hacer realidad este deseo.

➢ Haga un compromiso de hacer lo que necesita hacer y ser quien necesita ser para vivir con la sabiduría que recibe.

➢ Agradezca a Dios y abra sus ojos.

Haga de su trabajo algo sagrado

No existe un tipo de trabajo que esté garantizado a ser "sagrado" o "divino." Un título profesional no hace de forma automática un trabajo (o a la persona que realiza el trabajo) una obra divina. Hacer el trabajo de una forma guiada divinamente y ser una persona que se conecta con Dios para mejorar, hace que su trabajo sea sagrado.

Muchos hemos empleado gran parte de nuestras vidas buscando el trabajo "correcto" que nos hará sentir "sagrados" o "buenos". Podemos elegir ayudar a personas sin hogar, proteger animales, curar los enfermos, alimentar a los pobres, dar de vestir a los que lo necesitan y muchas otras cosas parecidas.

Si bien todas estas actividades son significativas y pueden ser muy sagradas, existen algunos puntos importantes a destacar si deseamos evitar idealizarlos.

1) *El trabajo "sagrado" puede realizarse tanto en formas sagradas y no tan sagradas.*

2) *El trabajo "corriente" puede llegar a ser sagrado cuando los frutos del trabajo (como el dinero y otras compensaciones) son utilizados para apoyar fines sagrados.*

3) *"Sagrado" puede ser definido de muchas formas dependiendo de a quien se le habla y de la manera que usted percibe el mundo.*

La mayoría hemos escuchado de personas que han asumido puestos de trabajos muy sagrados y no han actuado de dicha manera. Podemos realizar un trabajo de una forma agradable, amable y que beneficie a los demás y a nosotros mismos.

También podemos realizar un trabajo de maneras que sean de beneficio propio, perjudicial para los demás y otros, pero siempre y cuando lo queramos. Podemos realizar un trabajo de ambas maneras sin importar para quien laboremos.

El trabajo que parece ser corriente puede llegar a ser excepcional cuando es utilizado para apoyar causas que consideramos como sagradas. Puede ser que una persona no sienta que su trabajo es sagrado, pero pueden utilizar su dinero para apoyar organizaciones benéficas, alimentar a sus familias, educar a sus hijos, mantenerse sanos y muchas otras cosas parecidas.

Cada vez que denominamos al trabajo "corriente" solo porque no percibimos lo sagrado en éste, nos arriesgamos a simplificar en exceso las cosas. Si una persona trabaja en un organismo sin fines de lucro y utiliza todo su dinero en sí mismo sin alimentar a sus hijos, ¿Son más o menos sagrados que una persona que trabaja como bartender y dona todo su dinero a una organización benéfica?

Cuando intentamos evaluar estas cosas, corremos el riesgo de juzgar y tomar el papel de "Dios." La verdad es que, simplemente no tenemos a mano toda la información que Dios posee. *Podemos servir de una mejor manera al permitir que Dios realice tales juicios, si en efecto decide hacerlo.*

De igual forma, puede ser mucho mejor para nosotros entender que nuestra definición de "sagrado" puede llegar a ser muy diferente que a la de los demás. Nuevamente, puede ser mucho más sencillo para nosotros vivir nuestra propia vida y dejar que Dios se relacione con cada uno de nosotros de manera individual. Además de que parece que a cada uno de nosotros se nos ha dado lo suficiente en que trabajar con Dios (en nosotros mismos) en nuestro tiempo de vida. En realidad, no es necesario tomar otras responsabilidades al intentar hacer mejor a alguien más.

Experiencia de 60 segundos #16

> ➤ Traiga a su mente todas las cosas y personas en su vida por las que está agradecido.

> ➤ Observe todas las formas en las que Dios ya le ha bendecido.

> ➤ Establezca una intención de relacionarse con Dios e invítelo a que lo guíe en este proceso.

> ➤ Cierre sus ojos si gusta.

> ➤ Inhale y exhale en silencio por 30 segundos.

> ➤ **Declárele a Dios que usted desea traer una sensación de Santidad a su trabajo.**

> ➤ **Pídale a Dios a que lo ayude a conocer la mejor forma de realizar esto.**

> ➤ Relájese, escuche y reciba cualquier guía que le llegue a su mente.

> ➤ Inhale y exhale por 30 segundos más.

> ➤ Pídale a Dios que le muestre de manera específica cómo puede hacer realidad este deseo.

> ➤ Haga un compromiso de hacer lo que necesita hacer y ser quien necesita ser para vivir con la sabiduría que recibe.

> ➤ Agradezca a Dios y abra sus ojos.

Cambiar el mundo con su trabajo

A pesar de que la mayoría de las personas piensan que los problemas del mundo son bastante sencillos de arreglar. No son complicados en lo absoluto, sin embargo, son muy difíciles de arreglar debido a la manera en la que actuamos como partes de este mundo. Por lo general actuamos principalmente, ya sea a partir de la desesperación o la motivación.

Cuando actuamos a partir de la desesperación, solo nos preocupan nuestras necesidades ya que nos sentimos tan impotentes que incluso no nos podemos imaginar ser capaces de ayudar a alguien más. Actuamos principalmente a partir de nuestras dimensiones físicas y emocionales. Sentimos que somos insuficientes, que no lograremos lo que deseamos o que no somos amados y buscamos la respuesta en el mundo físico. Nos concentramos en satisfacer nuestras necesidades físicas, y desconectamos nuestras dimensiones intelectuales y espirituales. Somos incapaces de pensar de una forma clara ya que somos tan impotentes y confusos emocionalmente, y no nos relacionamos con Dios porque nos sentimos afectados, abandonados, despreciados, poco merecedores y solos.

Cuando actuamos a partir de la motivación, estamos tan preocupados por nuestras necesidades (ya que nos sentimos muy impotentes sin nuestras pertenencias, logros y otras fuentes externas de aprobación y poder) que incluso no nos podemos imaginar ser capaces de compartirlas con alguien más.

Cuando estamos basados en la mentalidad de motivación, actuamos principalmente a partir de nuestras dimensiones físicas, emocionales e intelectuales. Creemos que, si sabemos y adquirimos lo suficiente, lo realizaremos, así mismo, seremos apreciados y encontraremos las respuestas que buscamos en el mundo físico. Nos concentramos en satisfacer todas nuestras aspiraciones más deseadas y desconectamos nuestra dimensión espiritual.

No nos relacionamos con Dios ya que creemos que la felicidad se encuentra principalmente o solo en el mundo físico. Nos podemos sentir culpables de la abundancia que poseemos o temerosos de que la relación con Dios nos haga sentirnos culpables por "todas esas personas desesperadas" y regalar las pertenencias que anhelamos de una manera tan adictiva.

En estas dos formas de ser, *la dimensión espiritual se evita ya que las personas se perciben alejadas de nosotros y el mundo físico es visto como un recurso limitado para el cumplimiento de nuestras necesidades. Creemos que simplemente no es suficiente para todos, de manera que nos sentimos temerosos o estancados y no actuamos para ayudarnos o nos volvemos obsesivamente auto centrados o posesivos y solo actuamos para ayudarnos a nosotros mismos.*

Si nos predisponemos a la inspiración, nos daremos cuenta que Dios tiene toda las respuestas y abundancias que buscamos. También nos daremos cuenta que tenemos todas las respuestas y abundancias que buscamos si aprendemos a compartir. *Podemos acabar con el hambre en el mundo si tan solo volviéramos*

distribuir la comida en el planeta. Podemos detener la delincuencia el día de mañana si tan solo decidiéramos no atacarnos entre sí. Podemos eliminar el odio el día de mañana si tan solo nos hiciéramos cargo de nuestros propios problemas antes de atribuírselos a los demás.

Todas estas ideas parecen ser completamente irracionales. Parecen hacer un llamado a la Fe antes que a la razón humana. De hecho, esto no es correcto. Solo porque no entendemos como estas ideas trabajarían, no quiere decir que sean irracionales. El acertado descubrimiento de Galileo, de que la Tierra gira alrededor del Sol, fue creado para romper las reglas del conocimiento y razonamiento humano, por lo cual fue llamado "irracional".

Se descubrió rápidamente que él no rompía las reglas del conocimiento y razonamiento humano, sino que las desarrollaba al trascender hiendo más allá del razonamiento humano. Al ser comparado su inspirador descubrimiento se pudo ver que era tras-racional (más allá del razonamiento).

Como es habitual, su inspiradora irrupción con el razonamiento humano contemporáneo causó una gran revolución debido a que aún en la actualidad reconocemos sus descubrimientos como hechos.

Cuando buscamos inspiración, nos predisponemos a la sabiduría y entendimiento divino, somos capaces de olvidar nuestras limitaciones al ser consciente de lo que podemos hacer. Cuando estamos inspirados sentimos que todo es posible de manera acertada, pues no seremos desilusionados. ***Al ser inspirados por Dios,*** *correctamente estamos percibiendo la simple verdad que ha sido escrita y profetizada por miles de años – con Dios todo es posible. ¡TODO!*

Cuando usted lleva la energía de la inspiración a su *trabajo y a esos con los que se relaciona, usted dará inicio a la transformación del mundo – una persona a la vez.*

Experiencia de 60 segundos #17

➢ Traiga a su mente todas las cosas y personas en su vida por las que está agradecido.

➢ Observe todas las formas en las que Dios ya le ha bendecido.

➢ Establezca una intención de relacionarse con Dios e invítelo a que lo guíe en este proceso.

➢ Cierre sus ojos si gusta.

➢ Inhale y exhale en silencio por 30 segundos.

➢ **Declárele a Dios que usted desea ser divinamente inspirado y a su vez inspirar a las personas que usted conoce.**

➢ **Pídale a Dios a que lo ayude a conocer la mejor forma de realizar esto.**

➢ Relájese, escuche y reciba cualquier guía que le llegue a su mente.

➢ Inhale y exhale por 30 segundos más.

➢ Pídale a Dios que le muestre de manera específica cómo puede hacer realidad este deseo.

➢ Haga un compromiso de hacer lo que necesita hacer y ser quien necesita ser para vivir con la sabiduría que recibe.

➢ Agradezca a Dios y abra sus ojos.

Aportar energía divina al trabajo

Podemos llevar nuestro conocimiento proveniente de Dios a nuestro lugar de trabajo. Podemos pedir orientación para ayudarnos de una manera que vaya de acuerdo con nuestra más grande y divina personalidad; también podemos aportar significado y propósito divino a nuestro trabajo, aunque este por sí mismo, no sea tan espiritual.

Podemos pedirle a Dios que nos ayude a ver cómo podemos aportar energías y cualidades divinas a nuestro lugar de trabajo, y podemos ser personas que interactúan con los demás desde un lugar de relación divina. También podemos pedir orientación para saber de qué manera podemos tomar decisiones empresariales, cómo podemos crear los resultados laborales más beneficiosos para todas las partes involucradas en una transacción, y cualquier otra orientación que pueda ser de ayuda para aportar nuestro aspecto divino a nuestro trabajo. *No existe una fuente de sabiduría más grande que Dios en cualquier tema a desarrollar. Cuando alineamos nuestro trabajo con Dios, nos preparamos para el éxito, gozo y la realización.*

Podemos realizar todo este proceso sin molestar a los demás ya que no tenemos que contarles de nuestra relación divina, y no tenemos que hacer sentir a los demás que están equivocados por no utilizar sus conexiones. Ellos, al ver la paz, el gozo, el cumplimiento y el éxito que vivimos, de manera natural se nos acercarán queriendo saber cómo hacemos para realizar lo que hacemos y ser quienes somos – o tal vez no lo harán; no es de importancia. Sí estamos encantados con la calidad de nuestra relación con Dios y la manera en la que vivimos nuestras vidas, la opinión de los demás no tendrá mucha importancia.

Si en realidad utilizamos nuestra relación divina en el trabajo podremos experimentar cosas muy maravillosas. ***Podemos vivir nuestro propósito divino en nuestro trabajo y cobrar por esto. No tendremos que esperar a salir de nuestro trabajo para realizar la diferencia en el mundo.***

No necesitamos unirnos a una organización benéfica o sin fines de lucro para llegar a influenciar en el mundo, sin necesidad de viajar a otro país. Cuando nos adaptamos a Dios podemos hacer del mundo un mejor lugar desde donde nos encontramos. En definitiva, ¿Dónde más si no es allí?

Experiencia de 60 segundos #18*

- ➢ Traiga a su mente todas las cosas y personas en su vida por las que está agradecido.
- ➢ Observe todas las formas en las que Dios ya le ha bendecido.
- ➢ Establezca una intención de relacionarse con Dios e invítelo a que lo guíe en este proceso.
- ➢ Cierre sus ojos e inhale y exhale en silencio.
- ➢ Haga esto por 30 segundos.
- ➢ **Declárele a Dios que usted desea ser divinamente inspirado en su lugar de trabajo.**
- ➢ **Pídale a Dios que le ayude a utilizar su trabajo para alcanzar sus metas, sueños y propósito de vida divina.**
- ➢ Relájese, escuche y reciba cualquier guía que le llegue a su mente.
- ➢ Inhale y exhale por 30 segundos más.
- ➢ Pídale a Dios que le muestre de manera específica cómo puede hacer realidad este deseo.
- ➢ Haga un compromiso de hacer lo que necesita hacer y ser quien necesita ser para vivir con la sabiduría que recibe.
- ➢ Agradezca a Dios y abra sus ojos.

* Este ejercicio es una gran manera de mantenerse conectado con Dios mientras usted labora. Puede ser de gran ayuda realizarlo más o menos cada hora. No solamente le brindará los beneficios de sentirse conectado con Dios, pues también le ayudará a sentirse relajado físicamente, tranquiliza su mente y ayuda a resolver sus

preocupaciones. Este ejercicio igual que los demás, puede aportar un sentimiento de paz y otras cualidades divinas a su mundo y a su ser.

Trabajar con Dios y las demás personas

Teniendo a Dios como nuestro coach podría parecer que nunca tendríamos necesidad alguna de ir a pedirle ayuda a cualquier otro ser. Esto es cierto, sin embargo, parece que hay una necesidad para los humanos por relacionarse con los demás y experimentar el mundo físico.

Aunque no existe un ser humano que sepa más que Dios, interactuar con los demás para recibir información nos permite formar relaciones con otros seres humanos, de la misma manera nos permite experimentar la comunicación con los demás y el proceso de colaboración. Podemos experimentar juntos la relación, el trabajo en equipo, un sentido de pertenencia, la inspiración, la unidad y muchas otras cosas similares. Cuando trabajamos juntos de tal manera, sentimos el poder que proviene del trabajo en equipo para alcanzar un objetivo o cumplir un propósito. Tal experiencia de unidad no podría proveer más información que interactuar directamente con Dios, nos proporciona una experiencia divina de conectarnos poderosamente con algo más grande que nosotros mismos. Experimentamos el poder del propósito colectivo y la cooperación. En momentos como estos, nuestras vidas son enriquecidas incluso con una serie más amplia de experiencias. Llegamos a experimentar una relación profunda con cada uno Y con Dios. Al igual que cuando nos conectamos con lo divino, nos sentimos enteros, poderosos, centrados y vivos. Es realmente una alegría experimentar tal unidad.

Sin embargo, hay momentos cuando las interacciones de grupos no van tan sutilmente, nos podemos ver discutiendo con los demás, buscándole fallas a los demás o simplemente ser incapaz de aceptar otros puntos de vistas. En momentos como estos, se puede sentir como si Dios no estuviera en ningún lado.

Nos podemos decir a nosotros mismos que tan bien estamos o que tan equivocada una persona o las personas pueden estar. Podemos defendernos debido a que nos sentimos atacados o rechazados por otros. En momentos como estos, nuestras conexiones pueden sentirse de cualquier manera, excepto divina.

En tales ocasiones, nos será de gran ayuda volvernos a conectar con Dios. Podemos tomar un descanso del grupo para volver a centrarnos. Nos será de gran ayuda alejarnos literalmente del área donde se encuentra el grupo y de esta manera encontrar un lugar callado para restablecer nuestra relación. Mientras nos conectamos, podemos pedirle orientación a Dios para saber cómo podemos volver a entrar al grupo de una nueva, centrada, poderosa, y amorosa forma. De esta manera damos inicio al proceso de trabajar juntos de una manera armoniosa otra vez.

Este ciclo de trabajar en equipo y luego atascarse puede y probablemente sucederá en muchas ocasiones. Simplemente, la naturaleza de las personas es el deseo de estar cerca y alejarse en reiteradas ocasiones. Al saber esto, podemos dar un paso atrás de una manera más sencilla sin tomar las cosas de una manera muy personal, sabiendo que llegará el momento para que el grupo este unido nuevamente.

De seguro, si cada integrante del grupo también practicara la relación con Dios, resultaría aún más sencillo para cada uno ayudar a dirigir los cambios de grupo. Si cada integrante es capaz de establecer una relación con Dios para pedirle orientación, el grupo funcionará de una manera más eficaz en los momentos que está unido y cuando no, también. Estos grupos son realmente poderosos ya que nos brindan la oportunidad de interactuar unos con otros de una manera divinamente humana. *Más que una plática sencilla de cómo vivir divinamente, tenemos la oportunidad de practicar esta forma de ser uno con otros y experimentar las asombrosas transformaciones que es el resultado proveniente de la relación divina.*

Experiencia de 60 segundos #19

➤ Traiga a su mente todas las cosas y personas en su vida por las que está agradecido.

➤ Observe todas las formas en las que Dios ya le ha bendecido.

➤ Establezca una intención de relacionarse con Dios e invítelo a que lo guíe en este proceso.

➤ Cierre sus ojos e inhale y exhale en silencio.

➤ Haga esto por 30 segundos.

➤ **Declárele a Dios que usted desea interactuar con los demás en formas que los inspiren a relacionarse con su divinidad.**

➤ **Pídale a Dios que lo ayude a hacer esto.**

➤ Relájese, escuche y reciba cualquier guía que le llegue a su mente.

➤ Inhale y exhale por 30 segundos más.

➤ Haga un compromiso de hacer lo que necesita hacer y ser quien necesita ser para vivir con la sabiduría que recibe.

➤ Agradezca a Dios y abra sus ojos.

Relacionarse con Dios con los ojos abiertos

Con el tiempo usted podrá relacionarse de una manera rápida y efectiva. *También alcanzará un punto en el que se podrá conectar con Dios con los ojos completamente abiertos. En el momento que sea capaz de hacerlo, su vida y su trabajo llegarán a ser una meditación viviente. Puede vivir sus valores espirituales más supremos en cada momento que se conecte.*

Cuanto más tiempo pasa conectado, más cerca llega a vivir de su mente espiritual (divina) – al igual que los más grandes maestros espirituales. Cada momento que pasa conectado, más y más cerca estará de vivir continuamente una vida que refleje cualidades divinas:

Paz	*Tranquilidad*	*Regocijo*
Compasión	*Aceptación*	*Libertad*
Enfoque	*Discernimiento*	*Alegría*
Abundancia	*Prosperidad*	*Creatividad*
Sabiduría	*Perennidad*	*Determinación*
Amor incondicional	*Unidad con el universo*	

Esto es iluminación, esta es la vida con propósito, de esto se trata una relación transformadora de la vida con Dios.

Experiencia de 60 segundos #20*

- ➢ Traiga a su mente todas las cosas y personas en su vida por las que está agradecido.
- ➢ Observe todas las formas en las que Dios ya le ha bendecido.
- ➢ Establezca una intención de relacionarse con Dios e invítelo a que lo guíe en este proceso.
- ➢ **Mantenga sus ojos ABIERTOS e inhala y exhala en silencio por 30 segundos.**
- ➢ Enfóquese en su respiración y cuente hasta 3 mientras inhala y cuenta hasta 3 al exhalar.
- ➢ **Declárele a Dios que usted desea estar conectado en cada momento que está despierto.**
- ➢ **Pídale a Dios que le ayude a mantener su relación en todo momento.**
- ➢ Relájese, escuche y reciba cualquier guía que le llegue a su mente.
- ➢ Inhale y exhale por 30 segundos más.
- ➢ Pídale a Dios que le muestre de manera específica cómo puede hacer realidad este deseo.
- ➢ Haga un compromiso de hacer lo que necesita hacer y ser quien necesita ser para vivir con la sabiduría que recibe.
- ➢ Agradezca a Dios.

*Si usted realiza estos ejercicios suficientemente, podrá alcanzar un punto en el que se mantendrá conectado con Dios en todo momento,

con solo respirar de la manera en que lo hace mientras realiza estos ejercicios. El conocimiento que usted posea sobre su respiración funcionará como un recordatorio de su constante relación con Dios. Mientras respira con determinación, usted traerá a Dios de una manera **consciente** a su vida en **cada** momento.

Mantenerse conectado

Si usted pudiera mantener una relación constante con la fuerza más sabia y poderosa del universo, ¿lo haría? La respuesta parece muy evidente, no obstante, el caso de muchos de nosotros, nuestras acciones dicen lo contrario. A lo mejor esta diferencia entre nuestra intención de estar conectados y nuestras acciones actuales guardan relación con lo que significa estar conectado.

Existen diferentes maneras de establecer una relación con Dios. No tenemos que inclinarnos en una forma particular de adoración, oración, ejercicios de meditación o cualquier otra práctica para relacionarse con Dios. Solo necesitamos pedir y ser conscientes. Podríamos decidir simplemente hacer unas respiraciones profundas y pensar en Dios por 5 segundos; podríamos cerrar nuestros ojos y expresarle en silencio nuestra gratitud por la vida y todas las bendiciones que nos ha dado, o podríamos hacer la oración que más nos guste y que nos recuerde nuestra relación con Dios.

Una forma de hacerlo es llevar puesto algo que le recuerde y le haga estar consciente de su relación con Dios cada vez que lo vea o haga contacto con el mismo, puede ser un anillo o alguna otra pieza especial de joyería. El objeto no debe ser costoso o llamativo necesariamente, solo debe servirle como recordatorio.

Otra forma es tener objetos presentes en su hogar o lugar de trabajo que le recuerden su relación con Dios, pueden ser cualquier cosa, ya sea la figura hermosa de un océano u objetos religiosos o espirituales de importancia que ayudan a incrementar, ampliar o que expresen su relación con su espíritu.

Otra forma es utilizar sonidos como recordatorios. Si usted tiene un reloj que hace sonidos con regularidad, podría recordar su relación con Dios en cualquier momento que suene.

Esto puede ser cada hora, cada 15 minutos o cualquier otra cantidad de tiempo, simplemente depende de que tan a menudo deseamos ser recordados de nuestra relación. *Cada vez que nos conectamos nuestras vidas mejoran. Si nos conectamos en todo momento, solo Dios sabrá qué tan maravillosa pueden ser nuestras vidas.*

Al conectarnos con Dios nos sentimos centrados, tranquilos, poderosos, amados, bondadosos, generosos, en abundancia y de muchas otras cosas maravillosas. En la medida que le dedicamos tiempo a la relación, dedicamos más de nuestras vidas en la condición de ser lo que más deseamos. Esta condición de ser nos ayuda a ser más creativos, efectivos, amados, seguro de nosotros mismos y exitosos – que nos lleva a sentirnos aún mejor con nosotros mismos y con Dios.

No existen límites para la frecuencia o la hora de relacionarse con Dios – se puede hacer siempre. No tenemos que detener lo que estamos haciendo; al trabajar podemos recordar y agradecerle por nuestro trabajo, y podemos dedicarle tiempo a pensar en nuestros seres amados, pedirle a Dios que los bendiga. *Podemos estar consciente de nuestra relación con Dios y el resto del universo en cualquier y cada momento.*

Mantenerse conectado con Dios solo es una forma de invitar a la fuerza más poderosa y amorosa en el universo para que nos apoye y nos oriente. Dios está disponible 24/7. La única pregunta que debemos hacernos es: "¿Con qué frecuencia lo estamos nosotros?"

Experiencia de 60 Segundos #21

- ➢ Traiga a su mente todas las cosas y personas en su vida por las que está agradecido.
- ➢ Observe todas las formas en las que Dios ya le ha bendecido.
- ➢ Establezca una intención de relacionarse con Dios e invítelo a que lo guíe en este proceso.
- ➢ Cierre sus ojos si lo desea.
- ➢ Inhale y exhale en silencio por 30 segundos.
- ➢ **Pídale a Dios que lo ayude a saber cuál es la mejor forma de recordarse a usted mismo sus conexiones.**
- ➢ **Declare que una vez que sepa cómo hacer esto, lo hará con la mayor frecuencia que sea posible.**
- ➢ Relájese, escuche y reciba cualquier guía que le llegue a su mente.
- ➢ Inhale y exhale por 30 segundos más.
- ➢ Pídale a Dios que le muestre cómo puede hacer que este deseo se convierta en realidad de una manera específica.
- ➢ Haga un compromiso de hacer lo que necesita hacer y ser quien necesita ser para vivir con la sabiduría que recibe.
- ➢ Agradezca a Dios y abra sus ojos.

Relacionarse con Dios sin ofender a otros

Todo esto de relacionarse con Dios se puede realizar de una manera que no haga sentir a los demás que sus derechos están siendo vulnerados. *Cuando nos sentimos cómodos con nuestra relación, no necesitamos influir o intentar cambiar el punto de vista de alguien. Somos felices tal cual somos. Al estar realmente conectados de una forma poderosa, nuestra vida mostrara esto con claridad. Seremos muy dichosos, efectivos y confiados de manera que resultará evidente para las personas que nos rodean. Las personas nos buscarán para compartir nuestro secreto de satisfacción y regocijo.*

Un hombre no tiene la necesidad de gritar a los cuatro vientos que es un hombre; las personas pueden darse cuenta de esto sin el decir una sola palabra. De hecho, si alguien tiene que convencernos de algo, debemos ser cuidadosos de lo que sucede. Por ejemplo, si alguien inventa cosas para decirme que tan buen amigo puede ser, e intenta de manera incesante persuadirme para que crea esto, lo primero que debo hacer es preguntarme por qué tanta insistencia para convencerme; podría parecer que esta persona que dice ser mi amigo intenta hacerme creer algo que realmente no es así.

Un verdadero amigo no tiene la necesidad de convencernos ya que sus acciones hablan por sí solas; de la misma manera un seguidor de Dios no tiene la necesidad de decir nada o persuadir a alguien. Estas personas se conocen a sí mismas y se sienten cómodas de su relación con Dios, no necesitan de la concordancia o la aprobación de los demás. Los más grandes instructores espirituales comparten esta cualidad.

Experiencia de 60 segundos #22

> ➤ Traiga a su mente todas las cosas y personas en su vida por las que está agradecido.

> ➤ Observe todas las formas en las que Dios ya le ha bendecido.

> ➤ Establezca una intención de relacionarse con Dios e invítelo a que lo guíe en este proceso.

> ➤ Cierre sus ojos si lo desea.

> ➤ Inhale y exhale en silencio por 30 segundos.

> ➤ **Declárele a Dios que usted desea relacionarse de la mejor manera posible sin hacer sentir a alguien más que está equivocado.**

> ➤ **Pídale a Dios que elimine toda necesidad de probar que los demás están equivocados o que usted está en lo correcto.**

> ➤ Relájese, escuche y reciba cualquier guía que le llegue a su mente.

> ➤ Inhale y exhale por 30 segundos más.

> ➤ Pídale a Dios que le muestre cómo puede hacer que este deseo se convierta en realidad de una manera específica.

> ➤ Haga un compromiso de hacer lo que necesita hacer y ser quien necesita ser para vivir con la sabiduría que recibe.

> ➤ Agradezca a Dios y abra sus ojos.

¿Cómo pedir lo que usted quiere?

Una vez que se sienta cómodo al relacionarse con Dios, usted puede iniciar a pedir de manera específica lo que quiere. El proceso se vuelve más sencillo en la medida que lo utilice.

Lo único que debe hacer es seguir los siguientes pasos:

1) ***Tome conciencia*** *de todas las formas en las que Dios lo ha bendecido en su vida.*

2) ***Tener la Intención de relacionarse*** *con Dios.*

3) ***Relacionarse en silencio.***

4) ***Declare*** *lo que usted desea ser, hacer y tener.*

5) ***Pídale*** *a Dios que lo apoye.*

6) ***Reciba*** *la sabiduría proveniente de Dios.*

7) *Pida y obtenga una **acción específica** para que le resulte más fácil para aplicar la sabiduría de Dios de la manera más efectiva posible.*

8) ***Comprométase*** *a actuar y a abandonar TODAS las excusas.*

9) *Exprese su **agradecimiento** a Dios.*

Experiencia de 60 segundos #23

- ➤ Traiga a su mente todas las cosas y personas en su vida por las que está agradecido.
- ➤ Observe todas las formas en las que Dios ya le ha bendecido.
- ➤ Establezca una intención de relacionarse con Dios e invítelo a que lo guíe en este proceso.
- ➤ Cierre sus ojos si lo desea.
- ➤ Inhale y exhale en silencio por 30 segundos.
- ➤ **Declárele a Dios lo que usted desea ser, hacer o tener.**
- ➤ **Pídale a Dios que le ayude a encontrar la manera más sencilla, amorosa y efectiva para lograr esto.**
- ➤ Relájese, escuche y reciba cualquier guía que le llegue a su mente.
- ➤ Inhale y exhale por 30 segundos más.
- ➤ Pídale a Dios que le muestre cómo puede hacer que este deseo se convierta en realidad de una manera específica.
- ➤ Haga un compromiso de hacer lo que necesita hacer y ser quien necesita ser para vivir con la sabiduría que recibe.
- ➤ Agradezca a Dios y abra sus ojos.

¿Por qué funciona dar gracias a Dios?

La mayoría de las personas nos han dicho que debemos agradecer a Dios por todas las bendiciones que hemos recibido en nuestra vida, pero tal vez nos han dicho muchas razones diferentes por las que debemos hacer esto. Alguna de las razones más comunes por las que debemos agradecer a Dios son:

- **La creación / La existencia** – Por qué no seriamos nada sin Dios.

- **Bendición divina** – Somos bendecidos en gran manera y debemos ser agradecidos.

- **Aprobación divina** – Si le agradamos a Dios, Él nos bendecirá.

- **Adoración** – Porque Dios es muy bueno.

- **Expectativa divina** – Dios espera que le seamos agradecidos.

- **Desamparo divino** – Dios nos abandonará si no le demostramos aprecio.

- **Restitución divina** – Dios se retractará de todas nuestras bendiciones si no somos agradecidos.

- **Castigo divino** – Dios nos pondrá a prueba si no le mostramos nuestra gratitud.

La veracidad de muchas razones de estas es debatible dependiendo en las creencias espirituales de cada persona, y ninguna de estas razones se refieren a un simple hecho. *¡Agradecer a Dios funciona!*

En primeras instancias esto puede parecer una razón superficial para agradecerle a Dios, pero esto no es lo que la mayoría de las personas piensan. Esto no quiere decir que podemos hablar de una manera agradable para que nos dé lo que queremos – práctica que podríamos llamar como adulación divina.

Agradecer a Dios es solo una parte de cómo funciona el universo; pedimos, recibimos y agradecemos.

Pedimos debido a que necesitamos de la ayuda de Dios, recibimos por su generosidad, agradecemos porque (1) somos agradecidos, (2) nos hace ver cuán generoso es Dios, (3) lo cual nos recuerda volver a pedir.

De esta manera tenemos una relación continua con Dios; tenemos más que una relación de "te llamaré cuando las cosas se pongan difíciles o cuando necesite algo". Tenemos una relación en dos direcciones, continua y fluida.

Para algunos, esto aún puede parecer como una relación donde estamos pidiendo nuestro subsidio a nuestros padres; esto implica que, si lo pedimos de una buena manera, obtendremos lo que queremos, ya que ellos no pueden ser insensibles a nuestros irresistibles encantos y ojos de cachorrito.

Puede funcionarnos en lugar de pensar en Dios como el amor incondicional que dan los abuelos que ya han cubierto todas sus necesidades y que alegremente comparten la abundancia que pueden tener con sus nietos, que son tan amados por ellos.

Al igual que un nieto que les pide a sus abuelos con confianza y sabiduría de la abundancia que poseen, pedimos lo que queremos. Recibimos porque Dios es generoso, y agradecemos por volver a empezar el ciclo.

Se ha dicho que lo que distingue a las figuras espirituales más poderosas de los demás, es que sabían sin duda alguna, que cuando le pedían a Dios, recibirían; cuando hicieron esto, siempre dieron gracias.

Experiencia de 60 segundos #24

- ➢ Traiga a su mente todas las cosas y personas en su vida por las que está agradecido.
- ➢ Observe todas las formas en las que Dios ya le ha bendecido.
- ➢ Establezca una intención de relacionarse con Dios e invítelo a que lo guíe en este proceso.
- ➢ Cierre sus ojos si lo desea.
- ➢ Inhale y exhale en silencio por 30 segundos.
- ➢ **Agradézcale a Dios por todas las bendiciones en su vida, incluyendo aquellas de las que no está consciente.**
- ➢ **Pídale a Dios que le ayude a sentir plenamente cuan bendecido es usted y que lo ayude a mantener esa actitud de agradecimiento.**
- ➢ Relájese, escuche y reciba cualquier guía que le llegue a su mente.
- ➢ Inhale y exhale por 30 segundos más.
- ➢ Haga un compromiso de hacer lo que necesita hacer y ser quien necesita ser para vivir con la sabiduría que recibe.
- ➢ Agradezca a Dios y abra sus ojos.

La oportunidad de server

Si no hubiera consumidores con necesidades por satisfacer, no habría trabajo, ni ingresos, ni empleos. La mayoría de nosotros olvidamos con frecuencia por qué recibimos dinero por nuestro trabajo; esto se debe a la sencilla razón de que estamos satisfaciendo las necesidades de otra persona; si no hay una necesidad, no habrá dinero.

Muchas de nuestras experiencias en el trabajo se ven afectadas por la opinión de nuestros consumidores. *Si vemos a los consumidores o clientes como personas exigentes que nos presionan para obtener lo que quieren, muy probablemente vamos a experimentar nuestro trabajo de una forma poco agradable.* Parecerá que "esas personas" se aprovechan de nosotros, que no les interesamos y que solo están velando por sus intereses. Cuando se experimenta el trabajo de esta manera, puede resultar extremadamente frustrante, irritante y poco divertido.

Cuando vemos y entendemos que nuestro propósito de vida está profundamente ligado a los demás de alguna manera, podemos llegar al lugar de estar donde podamos servir y de esta manera cumplir con nuestra misión. Nos damos cuenta que *el trabajo es solo una parte del ciclo natural de dar y recibir. Algunas veces llegamos a experimentar el maravilloso sentimiento de recibir algo de los demás, esta maravillosa experiencia puede confirmar la impresión que pueden tener los demás hacia nosotros de ser personas que merecen recibir algo. En otras ocasiones, llegamos a experimentar el mágico sentimiento del saber que hemos ayudado a otra persona a satisfacer sus necesidades; esta experiencia puede ayudar a confirmar la impresión de realizar un trabajo que es significativo, valioso y agradecido por los demás. Con esa actitud, podemos experimentar la alegría en ambas partes del ciclo de dar y recibir, de tal manera que nuestra vida se convertirá en una constante experiencia de alegría – debido a que siempre damos y recibimos.*

Evidentemente, el mismo ciclo de dar y recibir puede ser experimentado de una manera totalmente diferente, pues podemos quejarnos de tener que ayudar a los demás a satisfacer sus necesidades y que los demás no nos ayudan a satisfacer las nuestras. De esta manera, nuestras vidas se llegan a convertir en un gran problema al vernos envueltos en la desesperación en ambas partes del ciclo interminable.

Los más grandes instructores espirituales experimentaron la alegría al dar y recibir, demostraron su comprensión hacia el hecho de que solo se es alegre al dar y recibir.

No es necesario hacer un problema moral fuera de esto o decir que alguien "debe" dar de una manera amorosa o si no son una mala persona. Nadie necesita ser etiquetado o hacerlo sentir equivocado, lo único que debemos hacer es analizar las vidas de los seres más realizados para recorrer este planeta, y podemos encontrarnos con muchos ejemplos de vidas que han sido vividas de una manera alegre sirviendo a los demás.

Cuando decidimos vivir nuestras vidas con una actitud de felicidad al servir, llegamos a experimentar la misma alegría y satisfacción que nuestros instructores vivieron. En ese instante, reconoceremos que nuestra única diferencia entre ellos y nosotros es que ellos realizaron todo esto la gran mayoría del tiempo.

Experiencia de 60 segundos #25

➢ Traiga a su mente todas las cosas y personas en su vida por las que está agradecido.

➢ Observe todas las formas en las que Dios ya le ha bendecido.

➢ Establezca una intención de relacionarse con Dios e invítelo a que lo guíe en este proceso.

➢ Cierre sus ojos si lo desea.

➢ Inhale y exhale en silencio por 30 segundos.

➢ **Declare que usted desea aportar una actitud de servicio con alegría y amor a su trabajo.**

➢ **Pídale a Dios que le ayude a ver y experimentar su trabajo como una oportunidad para servir.**

➢ Relájese, escuche y reciba cualquier guía que le llegue a su mente.

➢ Inhale y exhale por 30 segundos más.

➢ Haga un compromiso de hacer lo que necesita hacer y ser quien necesita ser para vivir con la sabiduría que recibe.

➢ Agradezca a Dios y abra sus ojos.

Recesos de inspiración

En mi opinión, la aplicación más eficaz de este trabajo ha sido "Los Recesos de Inspiración". Cada hora, mientras trabajo tomo un receso para conectarme con Dios; Solamente cierro mis ojos, sigo los pasos descritos en este libro y le pido lo que necesito.

Si necesito energía, la pido, y la recibo. Si necesito inspiración, la pido y la recibo. Si necesito una respuesta para algo en lo que esté trabajando, la pido y la recibo. Lo que necesite, lo pido y lo recibo.

Los recesos de inspiración me ayudan a concentrarme, a relajarme, a producir de una mejor manera, liberar el estrés y hacer cualquier otra cosa que deseo hacer. La respiración relaja mi cuerpo y mi mente mientras Dios me provee de lo que necesito.

Cuando no tomo los recesos de inspiración, me siento presionado en mi trabajo, el estrés me impide dar lo mejor de mí, siento como si debo tener todo hecho desde ayer.

Los recesos de inspiración son solamente una forma más de invitar a Dios a su vida laboral diaria. Pueden ser utilizadas dentro y fuera del área laboral, pues igual que Dios, los recesos de inspiración son poderosos, beneficiosos, satisfactorios y adorables.

Al darnos tal enseñanza demuestra que nos amamos y nos cuidamos a nosotros mismo tanto como Dios lo hace. La mayoría sabemos cómo ser gentiles y amables con nosotros mismos, solamente que no nos tomamos el tiempo de hacerlo. Es como si dijéramos que no somos lo suficientemente importantes o que los demás son más importantes que nosotros.

Cuando nos regalamos la oportunidad de conectarnos con Dios, nos permitimos una vez más sentir y experimentar la parte más divina de nuestra naturaleza humana. Cuando no lo hacemos, solo nos permitimos experimentar solamente nuestro lado humano.

La única pregunta que resta es "¿Qué parte o partes de nosotros escogemos experimentar?"

Experiencia de 60 segundos #26

- ➢ Traiga a su mente todas las cosas y personas en su vida por las que está agradecido.
- ➢ Observe todas las formas en las que Dios ya le ha bendecido.
- ➢ Establezca una intención de relacionarse con Dios e invítelo a que lo guíe en este proceso.
- ➢ Cierre sus ojos si lo desea.
- ➢ Inhale y exhale en silencio por 30 segundos.
- ➢ **Declare que usted desea experimentar la parte más divina de sí mismo en estos momentos.**
- ➢ **Pídale a Dios que le brinde lo que necesite para experimentar esto en estos momentos.**
- ➢ Relájese, escuche y reciba cualquier guía que le llegue a su mente.
- ➢ Inhale y exhale por 30 segundos más.
- ➢ Haga un compromiso de hacer lo que necesita hacer y ser quien necesita ser para vivir con la sabiduría que recibe.
- ➢ Agradezca a Dios y abra sus ojos.

La parte difícil

Es muy sencillo establecer una relación con Dios, ¿Por qué no lo hacemos siempre? ¿Por qué no lo hago siempre? Las razones pueden ser parecidas a por qué no hacemos ejercicios, por qué no comemos de formas saludables, por qué no estudiamos para las clases, por qué no nos preparamos para trabajar, o por qué no reflexionamos de una manera más regular.

En algunos momentos podemos sentirnos muy agotados para hacerlo o quizás preferiríamos hacer algo más que parece más divertido. Probablemente nos molesta el hecho de que requiere un compromiso constante y regular, como el hacer ejercicio, y preferiríamos tener una gran sesión y que fuera suficiente con eso. Existen muchas otras razones que podrían entrar en una misma dimensión – somos humanos.

¿Por qué hacemos cosas que nos funcionan de una buena manera y dejamos de hacerla? Quizás es simplemente nuestra naturaleza humana, nunca sabremos por qué, pero podemos saber algo simple – no tiene que ser complicado.

No tenemos que hacerlo difícil utilizando justificaciones o racionalizaciones. Sencillamente, podemos reconocer cuando no sacamos el tiempo para conectarnos y comprometernos nuevamente en el justo momento que nos damos cuenta que no hemos mantenido nuestra relación con Dios.

Probablemente no ganemos mucho al culparnos a nosotros mismos, culpar a otros o usar otras tácticas. Ninguna de estas estrategias nos ha ayudado a hacer ejercicios regularmente o

para comer mejor, Y es poco probable que nos ayuden a tener una relación más regular con Dios.

Puede haber algún otro obstáculo para relacionarse de manera regular con Dios que pueda no existir en otras áreas de nuestra vida – la culpa y la vergüenza. A algunos de nosotros nos han enseñado que Dios se disgusta con nosotros cuando no hacemos las cosas acordes a su agrado.

A otros se les ha enseñado que es un pecado el no relacionarse con Dios y que debemos pedir perdón antes de volver a intentar relacionarnos.

Estas creencias pueden servirnos o tal vez no. Con el fin de hacerles frente de una mejor forma, sería conveniente relacionarse con Dios y encontrar nuestras propias respuestas provenientes de su sabiduría. *Desearíamos preguntar a Dios si hay alguna razón por la cual nosotros nunca seremos bienvenidos a comunicarnos con su espíritu.*

Experiencia de 60 segundos #27

- ➤ Traiga a su mente todas las cosas y personas en su vida por las que está agradecido.

- ➤ Observe todas las formas en las que Dios ya le ha bendecido.

- ➤ Establezca una intención de relacionarse con Dios e invítelo a que lo guíe en este proceso.

- ➤ Cierre sus ojos si lo desea.

- ➤ Inhale y exhale en silencio por 30 segundos.

- ➤ **Declare que usted desea facilitar su relación con Dios de una manera regular.**

- ➤ **Pídale a Dios que le ayude a realizar esto.**

- ➤ Relájese, escuche y reciba cualquier guía que le llegue a su mente.

- ➤ Inhale y exhale por 30 segundos más.

- ➤ Haga un compromiso de hacer lo que necesita hacer y ser quien necesita ser para vivir con la sabiduría que recibe.

- ➤ Agradezca a Dios y abra sus ojos.

Transformación simple – aquí y ahora

El decidir llevar a Dios a su diaria vida laboral puede ser tan simple como decidir llevar su almuerzo al trabajo. No tiene por qué ser dramático, complicado, buscar llamar la atención o algo difícil. Muchas personas viven su relación divina de una manera apasionada y silenciosa sin contarles a los demás, esa es la llave de su fortaleza. Estas personas por lo general no tienen la necesidad de contarles al mundo entero. Ellos solo viven su relación divina de una manera simple, apasionada y pacífica.

De hecho, probablemente en estos momentos hay muchas personas alrededor de usted los cuales viven silenciosamente una vida conectada muy espiritual dentro y fuera del trabajo. Puede existir una o muchas razones por las que ellos no discutan su relación divina. A algunas personas les gusta mantener sus relaciones con Dios en privado mientras que otros lo hacen para respetar el deseo de otros de no escuchar de Él. Algunos piensan que el trabajo no es el mejor lugar para discutirlo mientras que otros prefieren actuar en lugar de hablar.

Cada día, usted tiene la opción de establecer una relación con la fuerza más poderosa del universo. Usted puede pedirle a esta fuerza divina para que lo apoye en su trabajo, sus relaciones, en su obra y todo lo que esté en medio de Él. Este Ser Omnipotente tiene más conocimiento y sabiduría que cualquier humano o consultor de negocios electrónico, instructor o experto que usted pueda encontrar. Dios lo sabe todo, y usted puede recibir sabiduría proveniente de Dios para ayudarlo a ajustar su vida y actividad profesional con sabiduría divina. *¡Usted puede hacer esto hoy! No tiene por qué esperar hasta mañana, incluso no tiene que esperar ni 5 minutos. Usted puede relacionarse con Dios AHORA MISMO y empezar a recibir sabiduría sumamente profunda y poderosa para ser guiado por su camino.*

Incluso, usted no tiene que ir a ningún lado para relacionarse con el divino, no tiene que estar en un edificio o lugar particular. No tiene que trabajar para una empresa que tenga principios espirituales en el núcleo de su filosofía y operaciones (Aunque por lo general usted elija hacer esto). No tiene que trabajar para una entidad sin fines de lucro; no tiene que ayudar a personas sin hogar o salvar el planeta. (Existen muchas personas justo al frente de usted quienes necesitan de su ayuda ahora mismo). No tiene que dar cierta cantidad de su dinero a los pobres, aunque usted decida hacerlo. *Usted no tiene que hacer nada o ir a algún lugar para estar predispuesto a recibir sabiduría y orientación divina. Solo basta con crear tiempo y estar lo suficientemente tranquilo para escuchar esa pequeña voz dentro de usted; Si puede relacionarse con esa voz inspiradora de una forma divina y se compromete a actuar de las maneras en las que está divinamente guiado, no existe el fin para lo que es posible. Con Dios ¡TODAS LAS COSAS SON POSIBLES¡¡TODAS!*

Experiencia de 60 segundos #28

- ➤ Traiga a su mente todas las cosas y personas en su vida por las que está agradecido.
- ➤ Observe todas las formas en las que Dios ya le ha bendecido.
- ➤ Establezca una intención de relacionarse con Dios e invítelo a que lo guíe en este proceso.
- ➤ Cierre sus ojos si lo desea.
- ➤ Inhale y exhale en silencio por 30 segundos.
- ➤ **Declare que usted desea empezar a vivir de una manera poderosa con sus conexiones, AHORA.**
- ➤ **Pídale a Dios que le ayude a predisponerse a ver lo que es posible para usted si se compromete a relacionarse con frecuencia.**
- ➤ Relájese, escuche y reciba cualquier guía que le llegue a su mente.
- ➤ Inhale y exhale por 30 segundos más.
- ➤ Haga un compromiso de hacer lo que necesita hacer y ser quien necesita ser para vivir con la sabiduría que recibe.
- ➤ Agradezca a Dios y abra sus ojos.

Quiero

Quiero ser un escritor, pero no sé si alguien va a leer mis libros.

Quiero ser un maestro, pero no tengo estudiantes.

Quiero ser un doctor, pero no tengo un título.

Quiero ser un líder, pero no sé si alguien me va a seguir.

Quiero hacer el trabajo que me gusta, pero no sé si pueda subsistir.

Así que, quiero y espero, pero nada cambia.

Sin genio, sin lámpara y sin magia.

Luego… después de un tiempo…

Escribí sobre mis sentimientos,

Y me convertí en escritor.

Compartí mis ideas con mi amiga,

Y me convertí en un maestro.

Escuché a mi amiga compartir sus sentimientos,

Y me convertí doctor.

Otros vieron lo que hice sin esperar la aprobación de los demás,

Y ellos hicieron lo mismo.

En ese momento, me convertí en un líder.

Finalmente, me di cuenta que estaba haciendo lo que me gusta en todo momento.

Y aún estoy vivo.

Agradecimientos

Gracias a Dios… por cada una de las personas y por todas las cosas en mi vida, en especial a Rossana. Soy muy bendecido.

Gracias papá por mostrarme un buen ejemplo de empresario, del cual puedo aprender y seguir.

Gracias a todas las personas con las que he estado trabajando, como clientes, por permitirme practicar esto con ustedes, en especial a aquellos que han hecho trabajo de coaching conmigo. He aprendido mucho de quienes son y he estado mostrando constantemente un ejemplo de cómo es para alguien vivir sus más grandes valores en el trabajo. Gracias a cada uno en The Institute for Integrative Coaching, realizado por Debbie Ford. He aprendido, de su ejemplo, una nueva interpretación de lo que significa ser una persona de servicio.

Mi intención es que todos los que lean esto, incluyéndome a mí, experimenten la alegría, la dicha y la satisfacción que resulta de la relación con Dios.

Con amor,

Wade

Sobre el autor

Wade ha trabajado satisfactoriamente como un instructor de vida personal, instructor organizacional, entrenador de computación, asesor de ventas, instructor ejecutivo, orador, consejero de salud mental, consultor de gestión, diseñador de software y programador, autor, analista de negocios, asesor financiero y en muchas otras competencias.

Wade tiene una Licenciatura en Marketing y una Maestría en Psicología de Consejería en Salud Mental.

Vive feliz con su esposa y hijos.

Su dirección de correo electrónico es wade@wadegalt.com .

Blog y sitio web del autor

Usted puede visitar el blog y el sitio web de Wade en www.wadegalt.com .

Otros libros escritos por Wade Galt

En Español

Autoestima Divina

Aprendiendo a Amarnos De la
Forma en que Dios nos Ama

*Si sabemos que el Divino nos ama,
¿cómo podemos sentirnos mal con
nosotros mismos?*

*Si creemos que el Divino no nos ama,
¿cómo podemos sentirnos bien con
nosotros mismos?*

*Aprender a verse a sí mismo a través de
los ojos de amor de Dios y echar un
vistazo a el milagro hecho de Dios-que
eres.*

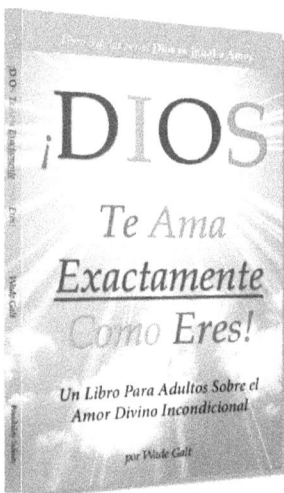

DIOS te ama exactamente como eres!

Un Libro Para Adultos Sobre el Amor
Divino Incondicional

*¿Y Si Dios te ama EXACTAMENTE
como eres? ¿De que manera ese
entendimiento transformaría tu vida?*

*Esto Es Una Simple Invitación… Para
Considerar y Experimentar… Un
Entendimiento de la Vida Alternativo…*

*Tú Eres Completa e Incondicionalmente…
Amado y Adorable… EXACTAMENTE
COMO ERES!*

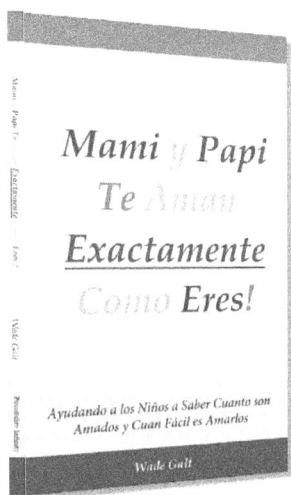

Mami y Papi te aman exactamente como eres!

Ayudando a los niños a saber cuanto son amados y cuan fácil es amarlos

Mi esperanza es que este libro te ayude a…

1) Hacer que tus niños sepan cuan especiales son.

2) Recordarte cuan especiales son tus niños.

3) Comprender cuanto te aman o te amaron tus padres ya sea que compartieran o no esto contigo.

Mami te ama exactamente como eres!

Ayudando a los niños a saber cuanto son amados y cuan fácil es amarlos

Mi esperanza es que este libro te ayude a…

1) Hacer que tus niños sepan cuan especiales son.

2) Recordarte cuan especiales son tus niños.

3) Comprender cuanto te aman o te amaron tus padres ya sea que compartieran o no esto contigo.

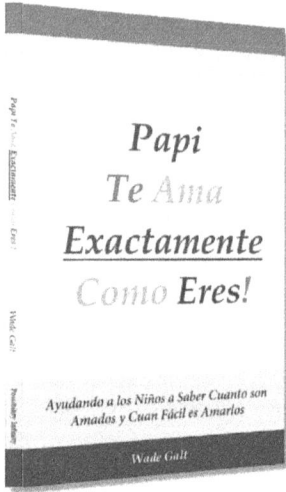

Papi te ama exactamente como eres!

Ayudando a los niños a saber cuanto son amados y cuan fácil es amarlos

Mi esperanza es que este libro te ayude a…

1) Hacer que tus niños sepan cuan especiales son.

2) Recordarte cuan especiales son tus niños.

3) Comprender cuanto te aman o te amaron tus padres ya sea que compartieran o no esto contigo.

Para ver estos libros y otros que no están presentes en esta lista, visite: www.wadegalt.com/books .

Todo de los ingresos por la venta de los libros de serie de libros Dios es Amor y parte de los ingresos por la venta de estos libros son dirigidos a organizaciones e instituciones benéficas que buscan erradicar el hambre y la pobreza.

Otros libros escritos por Wade Galt

En Ingles

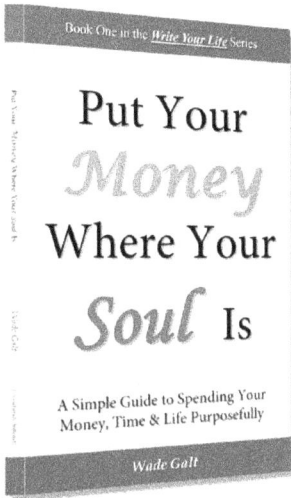

Put Your Money Where Your Soul Is

A Simple Guide to Spending Your Money, Time and Life Purposefully

Learn how to free up additional time, money and energy by redefining your relationships with money, time, people, and things.

Simple strategies, exercises & tools help you make powerful changes with very little effort or struggle.

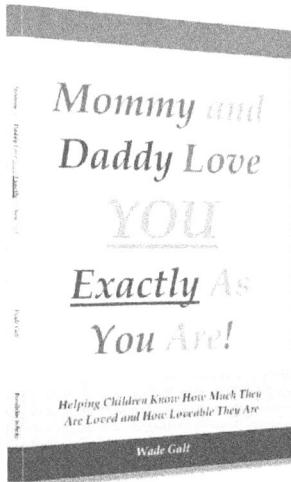

Mommy and Daddy Love You Exactly As You Are!

Helping Children Know How Much They Are Loved and How Loveable They Are

My hope is that this book helps you…

1) Let your child or children know how special they are.

2) Remember how special your child or children are.

3) Understand how much your parents love(d) you, whether or not they ever shared this with you.

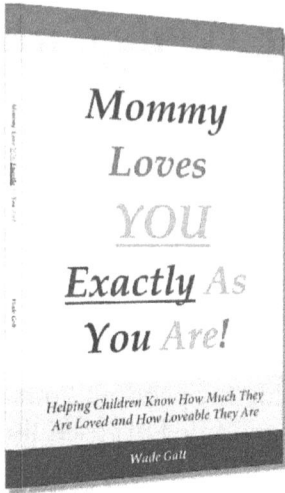

Mommy Loves You Exactly As You Are!

Helping Children Know How Much They Are Loved and How Loveable They Are

My hope is that this book helps you…

1) Let your child or children know how special they are.

2) Remember how special your child or children are.

3) Understand how much your parents love(d) you, whether or not they ever shared this with you.

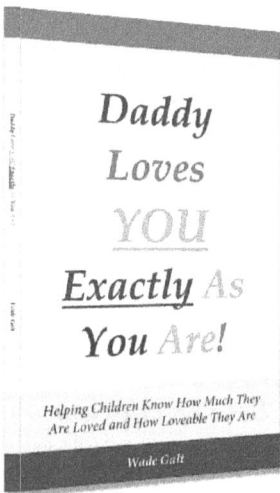

Daddy Loves You Exactly As You Are!

Helping Children Know How Much They Are Loved and How Loveable They Are

My hope is that this book helps you…

1) Let your child or children know how special they are.

2) Remember how special your child or children are.

3) Understand how much your parents love(d) you, whether or not they ever shared this with you.

The *God Equals Love* Book Series

(Free eBook Versions Available for All Books)

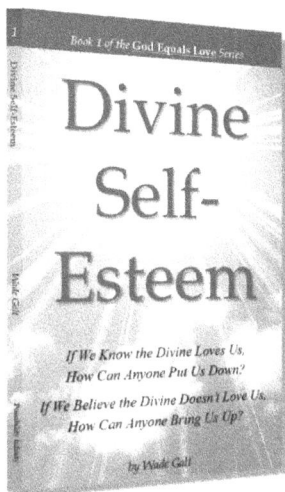

Book 1 - Divine Self-Esteem

**Learning to Love Ourselves
the Way the Divine Loves Us**

If we know the Divine loves us, how can anyone put us down?

If we believe the Divine doesn't love us, how can anyone bring us up?

Learn to see yourself through divinely loving eyes and catch a glimpse of the divinely-made miracle you are.

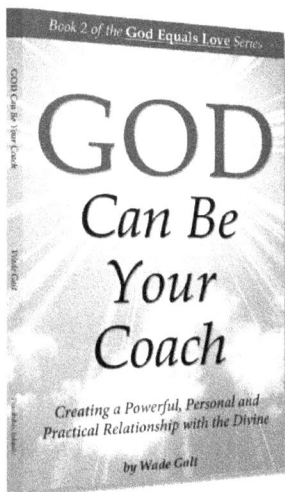

Book 2 – GOD Can Be Your Coach

Creating a Powerful, Personal and Practical Relationship with the Divine

Create More Joy, Happiness, Love, Peace and Purpose in Your Life.

Learn One Simple Way to form a more powerful connection & relationship.

If You Knew You Could Connect with the Divine Anytime You Choose to Receive Guidance, Support, and Peace, Would You?

Will You?

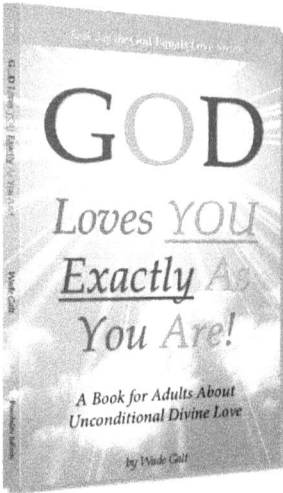

3 - GOD Loves You Exactly As You Are!

Understanding & Experiencing Unconditional Divine Love

An Invitation to Consider & Experience the Life-Altering Understanding That You are Completely and Unconditionally Loved and Loveable EXACTLY AS YOU ARE!

What If God Loves You EXACTLY as You are?

How Would Understanding that Transform Your Life?

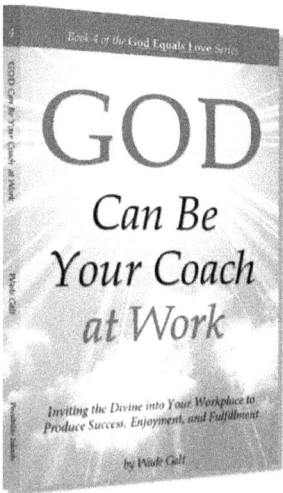

Book 4 - GOD Can Be Your Coach at Work

Inviting the Divine into Your Workplace to Produce Success, Enjoyment & Fulfillment

Few of us fully live our highest spiritual values in our workplace.

This is a source of frustration, shame, guilt & dissatisfaction for billions of us.

What if the divine actually wants us to experience life, love, joy, fulfillment, and abundance inside and outside our work?

What if the divine cares about our work simply because the divine cares for us?

This book is an invitation to work WITH the divine to create divinely inspired results for you and the world.

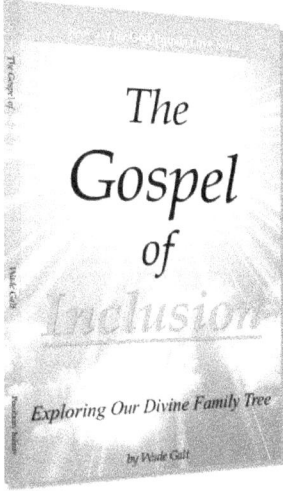

Book 5 - The Gospel of Inclusion

Exploring Our Divine Family Tree

Who is included in God's plan? Is it only people like me? Only people like you? What atrocities & apathy do we justify daily by declaring others are outside of God's chosen circle of people?

What if we really are part of one divine family? What would that mean? How would we have to change?

WARNING! Reading this book may lead you to (1) consider the possibility that we're all God's children and (2) do something about that. Proceed at your own risk!

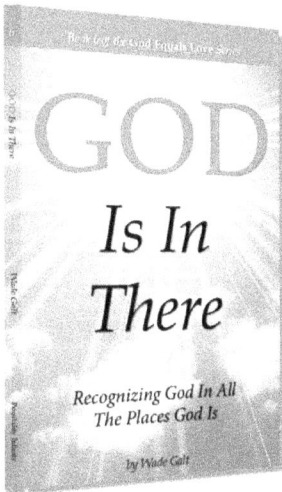

Book 6 - God Is In There

Recognizing God In All The Places God Is

If you could teach only one spiritual lesson, what would you teach?

What truth could you share that is so powerful, it would fundamentally transform the way others live?

There are a few core ideas that most spiritual traditions hold as true. Some believe that the most powerful and life-transforming truths are so self-evident and so obvious that all traditions agree about them.

This book contains one of those ideas.

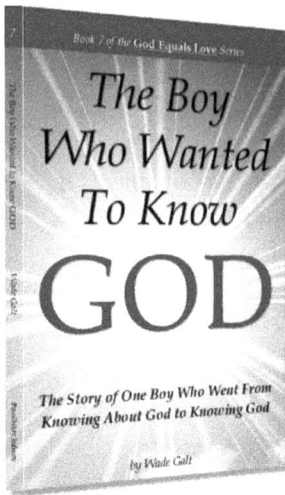

7 - The Boy Who Wanted to Know God

The Story of One Boy Who Went from Knowing About God to Knowing God

What would you be willing to do in order to meet God?

Join a curious and excited young boy on his journey to meeting the divine.

You might meet God, too.

The journey may be shorter and simpler than you think.

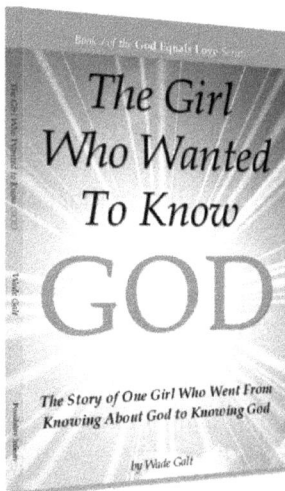

7 - The Girl Who Wanted to Know God

The Story of One Girl Who Went from Knowing About God to Knowing God

What would you be willing to do in order to meet God?

Join a curious and excited young girl on her journey to meeting the divine.

You might meet God, too.

The journey may be shorter and simpler than you think.

Cursos online

En este momento, todos los cursos están en inglés.

Puede obtener más información en www.wadegalt.com .

Comparte el Amor

Espero hayan disfrutado al leer este libro y que este sea de ayuda para crear más éxito, realización y alegría en su trabajo.

Si el libro le resultó útil, ¿podría escribir una reseña del libro o compartirlo en las redes sociales para que otros sepan cómo le ayudó?

Aunque sea una reseña súper-corta, cada pequeño aporte ayuda.

Muchas Gracias.

Si hay algo que yo pueda hacer para ayudarte más con este trabajo, por favor escríbeme un email a: wade@wadegalt.com .

Te deseo todo lo mejor,

Wade

www.ingramcontent.com/pod-product-compliance
Lightning Source LLC
Chambersburg PA
CBHW070932210326
41520CB00021B/6916